Otto von Frisch

Der Brandfuchs
und andere Jagdgeschichten

Otto von Frisch

Der
Brandfuchs
und andere
Jagdgeschichten

Die Deutsche Bibliothek – CIP-Einheitsaufnahme

Frisch, Otto von: Der Brandfuchs und andere Jagd-
geschichten / Otto von Frisch. [Ill. von Hermut Geipel]. –
München ; Wien ; Zürich : BLV, 1996
ISBN 3-405-14716-6

Illustrationen von Hermut Geipel

BLV Verlagsgesellschaft mbH
München Wien Zürich
80797 München

© 1996 BLV Verlagsgesellschaft mbH, München

Umschlagentwurf: Studio Schübel, München
Umschlagfoto: Marek

Lektorat: Gerhard Seilmeier
Herstellung: Hermann Maxant

Satz: Fotosatz Barthel Wirth, Ober-Ramstadt
Druck und Bindung: Milanostampa, Farigliano

Printed in Italy · ISBN 3-405-14716-6

Inhalt

Für Günter Daghofer

Vorwort

Wieder ein Buch mit bunt gewürfelten Geschichten über die Jagd und das Jagen.

Neue Erlebnisse und alte Erinnerungen fließen in ihnen zusammen und bringen noch einmal vergangene Tage des Lebens zurück. Die Stürme der ersten Jägerjahre haben sich gelegt und ihren Platz einer sanften Brise überlassen, was aber keineswegs bedeutet, daß man in allen Situationen da draußen in Wald und Feld die Gelassenheit selbst ist. Noch immer weht einem von Zeit zu Zeit der rauhe Wind um die Ohren, beginnt das Herz wie verrückt zu schlagen, und die Hände können Fernglas und Büchse nicht ruhighalten.

Früher, als man sich auch für das Jagen und die damit verbundenen Dinge noch Zeit nahm, da saß, besonders auf dem Lande, den Menschen noch oft der Schalk im Nacken. Gemeinsame Stunden vor und nach der Jagd ließen das Geschehen von Mund zu Mund gehen, es wurde sozusagen immer wieder durchgekaut wie eine köstliche Speise. Man konnte genießen, unbeschwert von Hektik und Zeitdruck, rief Ernstes und Heiteres in Gedanken zurück, und beides hatte seinen Wert.

Und wenn auch heute noch nach einem Tag voller Spannung, nach einem Abendansitz mit wieder neuen Eindrücken ab und an beschauliches Zusammensein den Abschluß bilden mag, so fährt doch allzuoft nach dem letzten Schuß alles auseinander und viel zu rasch zurück in das Alltagsgetriebe. Und das ist schade.

Glück dem, der im späten Lebensabschnitt noch neue, gute Freunde findet. Und so soll dieses Buch einem Menschen gewidmet sein, der gleich mir die Stunden in unserer Natur noch mit allen Sinnen auskosten kann und offen ist für ihre Schönheit.

Otto von Frisch

Blattlaute

Bücherschreiben ist für den Autor eine schöne Sache. Er freut sich, daß er da wieder etwas aufs Papier bringen kann – Erinnerungen nachhängen und fabulieren. Wenn das Buch dann verlegt wird, freut er sich noch mehr. Ob aber das Buch auch diejenigen erfreut, die es lesen, das erfährt der Autor meistens nicht. Dabei wüßte er es so gerne, nur kommen selten Leserbriefe. Aber ab und zu kommen sie. Manche sind auch kritisch oder gar negativ. Aber das ist ja auch besser als nichts, denn der Autor weiß dann wenigstens, daß sein Buch gekauft worden ist und nicht nur in den Regalen der Buchhandlungen verstaubt. Auch das freut ihn. Mir geht das genauso.

Vor ein paar Jahren bekam ich so einen Leserbrief. Der Absender sagte mir überhaupt nichts. Aus Salzburg kam der Brief, von einem Herrn Sowieso. Aber der schrieb mir, daß er ein paar meiner Bücher gelesen hätte, mit Genuß – na bitte – und ich würde da doch so einen Sommersitz am Wolfgangsee haben, zur Familie der Frischs gehören und offensichtlich zur Gilde der Jäger zählen. Er selbst lebte in Salzburg, hätte ein Tusculum – was war das denn, meine Lateinkenntnisse waren seit eh und je miserabel. Ich schlug erst einmal nach. Also ein Tusculum, das ist ein Landsitz, ein ruhiger und behaglicher noch dazu. Ich wurde etwas unruhig. Er hätte also ein Tusculum, zwischen Salzburg und dem Wolfgangsee gelegen. Ein kleines Revier wäre da auch gleich nebenan. Und in diesem Revier gäbe es nun auch einige nicht so üble Böcke. Wenn ich das nächste Mal ins Salzburgische käme, möchte ich mich doch bei ihm melden. Er würde mich gerne auf einen Bock einladen. Mit Waidmannsheil und Unterschrift.

Das war mir nun noch nie passiert, daß mich da jemand auf einen Bock einlud, bloß weil ich ein Buch geschrieben hatte. Lieber Himmel, die Schreiberei lohnte sich ja wirklich, und ich war nicht schlecht gespannt, wen St. Hubertus so plötzlich meinen Weg kreuzen ließ. Man hat ja mit zunehmendem Alter manchmal so seine Schwierigkeiten, was neue Bekanntschaften betrifft.

Im Sommerurlaub ging's zum Wolfgangsee, mit Büchse und allem, was man sonst braucht, um wie ein Jäger auszusehen. Ich ließ ein paar Tage verstreichen, wollte ja nicht gleich den Eindruck von Schußhitzigkeit erwecken. Außerdem war's noch ein paar Tage hin bis zur Blattzeit. Und ich war ein bisserl nervös. Mein Onkel Otto, mein Patenonkel, ehemals Chirurg in Wien und ein begeisterter Jäger, hatte mich sozusagen in das Jägerleben eingeführt. Schlicht und einfach damit, daß er mir, als ich sechzehn Jahre alt wurde, eine Flinte in die Hand gab mit den Worten: »Merk dir das: Schiess' nie auf etwas, das du nicht sicher erkannt hast, ziel' nie auf einen Menschen, und lass' nie eine geladene Waffe irgendwo herumstehen. Jetzt geh' in den Wald und lern' Jagen.« So einfach ging das in den 50er Jahren. Damals war ich hinter Eichelhähern, Eichkatzen, Hasen und Füchsen her in seinem Revier am Wolfgangsee, und kein Mensch fragte danach, ob ich einen Jagdschein hatte. Mein Onkel war noch König in seinem Reich. Dann starb er, und damit war es auch mit meiner österreichischen jagdlichen Laufbahn zu Ende. Sollte sich da jetzt wieder etwas anbahnen? Konnte ich durch meinen Buchverehrer wieder das Glück bekommen, auch in österreichischen Landen zu jagen? Was, wenn wir uns nach dem ersten Kennenlernen nicht ausstehen oder buchstäblich nicht riechen konnten?

Dann rief ich an, und ein Treffen wurde vereinbart. An der Kreuzung von dieser und jener Straße, nahe beim Tusculum. Erkennungszeichen? Nicht nötig. Zwei Jäger erkennen sich immer. Schon an den grünen Autos.

Wir trafen uns dann also, erkannten uns, stellten uns einander vor – was ja nicht mehr nötig gewesen wäre – blicktastendes Abschätzen. Fanden uns wohl nicht gerade unsympathisch. Aber was soll der erste Eindruck schon bedeuten.

Tusculum dann. Ein gemütliches Häuschen und voller Trophäen. Vom Bock bis zum Bär. Aber darum geht es bei dieser Geschichte gar nicht. Ich will etwas ganz anderes erzählen.

Es ist fast dreißig Jahre her, ich war ein neugebackener Jüngstjäger, da lernte ich Hans Kramer kennen, der 1937 zum Elchjägermeister und Leiter der Forstinspektion Elchwald im damaligen Ostpreußen ernannt worden war. Er nahm mich unter seine jagdlichen Fittiche und brachte mir unter anderem das Blatten bei. Auf einem Blatt, nicht auf irgendeinem künstlichen Instrument. Leise, sanfte Töne entlockte er zwischen den Lippen und einem Fliederblatt – Schattenblätter mußten es sein, weich und schmiegsam »und« sagte er, »hüten Sie sich vor lauten Tönen, die vertreiben jeden Bock in der Gegend.« Das schrieb ich mir hinter die Ohren und blattete in Zukunft auch manchen Rehbock in schußbare Nähe. Auch alte, jawohl. Nicht nur die jungen Hüpfer, die sowieso auf jeden Mäusepfiff springen. Dabei ist das ja gar nicht so einfach, zu wissen, wie man blatten muß, wenn man noch nie gehört hat, was eine Ricke von sich gibt, die einen Galan an ihrer Seite haben möchte.

In vielen Jahren draußen im Wald und auf unzähligen Ansitzen und Pirschgängen habe ich höchstens ein dutzendmal das Fiepen einer Ricke gehört und stets leise und nur zu hören, wenn sie sich dicht bei mir befand. Das habe ich mir dann eingeprägt und versucht, es nachzuahmen.

Da saßen wir also in seinem Tusculum und beschnupperten uns, umkreisten uns wie zwei Rüden, die wissen wollen, was sie voneinander zu halten haben. Fanden uns wohl ganz brauchbar fürs erste. Ja, in Kanada war er auch schon gewesen – der Bär –, und die Jagerei, die war schon in Ordnung. Und ich erzählte halt auch aus meinem Leben, Jägerleben vorzugsweise; also gut.

Endlich ging es ins Revier. Voralpige Hügel, kaum Berge zu nennen, aber ein wenig kam man schon ins Schnaufen, wenn es bergauf zu steigen bedurfte.

Er, mein Jagdherr, führte eine schwarze Labradorhündin. Ein äußerst ruhiger Hund, der die Schläge im Wald abwindete, um herauszubekommen, ob da Wild stand. Herr und Hund verhofften gleichzeitig, der Hund beobachtete den Schlag, der Herr den Hund. Das gefiel mir gut. Ich hasse Hektik beim Jagen.

Nun trottet man bei einem noch recht unbekannten neuen Jagdfreund immer etwas dusselig hinterher. Was hat er vor, was wird er machen? So ganz blöd ist man selbst ja auch nicht mehr.

Man kommt ins Schwitzen, nicht wegen des Jagdfiebers, sondern wegen der Situation, der neuen, der ›ich darf mich um alles

in der Welt nicht blamieren‹ Einstellung. Fehlschüsse geistern einem durch das Hirn, grausige Waidwund-Pansenschüsse, Kreller, Laufschüsse. Diana bewahre mich vor derart Furchtbarem!

Wir erreichten eine Kanzel am Fuße eines ziemlich steilen Schlages und kletterten hinauf. Mein Jagdherr zuerst, wie sich das gehört. Oben angekommen schaut er um sich, und da er nichts ausmachen kann, winkt er mich nach. Wir sitzen stumm, lauschen, beobachten. Darf ich wohl meine Pfeife anstecken? Manche mögen das nicht, das Rauchen am Ansitz. Dabei stinkt der Rauch auch nicht mehr als der ganze Mensch, und Wild mag das eine so wenig, wie das andere.

Kaum krame ich die Pfeife aus meiner Tasche, hat er die seine auch schon im Mund. Nur macht sein Kunststoff-Tabaksbeutel einen Mordskrach. Das bringt mich auf die Idee, ihm als Dankeschön demnächst einen weichen, ledernen zu schenken. Und mache mir deswegen einen Knopf ins Taschentuch.

Wir sitzen schon eine gute Stunde, es rührt sich nichts. »No«, sagt er leise, »versuchen wir's einmal mit'm Blatten«. Und holt so ein Instrument aus dem Rucksack. Im nächsten Moment hab' ich geglaubt, mich schmeißt es vom Hochsitz. Er bläst da hinein, als gälte es, die Trompeten von Jericho in Neuauflage zu bringen. Im Umkreis von zwei Kilometern kann man das hören. Jeden noch so verliebten Bock muß das ins Nachbarrevier flüchten lassen.

Aus, vorbei, sage ich mir, das war's fürs erste. Ich schau ihn so von der Seite an, verkneife mir aber eine Bemerkung. Ich bin zum ersten Mal hier Jagdgast und habe den Mund zu halten.

Ich wurde wieder eingeladen im nächsten Jahr, und wir wuchsen langsam zusammen, kamen uns näher. Das Blatten indes nahm keineswegs an Lautstärke ab. Das konnte nichts werden. Ich bekam schon Magenkrämpfe, wenn mein Jagdfreund die Hand nach dem Rucksack ausstreckte. Schließlich faßte ich Mut, mußte es nur etwas geschickt angehen. Das Blatten hatte soeben wieder den Wald aus seiner Ruhe geschreckt, als ich leise – vielleicht näherte sich ja doch ein verblödeter Bock – zu meinem Nachbarn sagte: »Eigentlich merkwürdig, daß man in der Blattzeit so selten eine Ricke fiepen hört!« Pause. »Ich bin mir deswegen auch immer unsicher, ob ich's richtig mache!« Pause.

Mein Nachbar stopft sich die Pfeife und fingert den Tabak aus einem Lederbeutel, den ich ihm geschenkt habe, in ihren Kopf.

»Ein einziger falscher Ton soll schon genügen, einen älteren Bock mißtrauisch zu machen!«

»No ja«, sagt er.

»Und so l a u t e s Fiepen hab' ich überhaupt noch nie gehört«, sage ich. »Sie?«

»No ich weiß nicht, eigentlich nicht!« Na also.

Die Pfeife zieht, und der Rauch verküselt sich hinter unseren Sitz. Nichts rührt sich am Schlag vor uns. Aber der Blatter blieb im Rucksack. Als es zu dunkel wird, baumen wir ab.

Irgendwie lief das nicht so, wie mein Jagdherr sich es vorgestellt hatte, aber kurz vor meinem Urlaubsende kam ich doch noch auf einen jungen, schlecht veranlagten Bock zum Schuß. Ein mageres Kerlchen mit kaum Bemerkenswertem zwischen den Lauschern. Als wir vor ihm standen, vernahm ich den tröstenden Satz: »No, da dürfen S' aber noch einen Besseren!«

Und abermals ging ein Jahr vorbei. Wir schrieben uns ein paar Briefe, wünschten uns zu Weihnachten ein Frohes und zu Silvester ein Gutes und Waidmannsheil sowieso jedes Mal.

Dann Mitte Juli: Ob ich denn nicht bald käme, er freue sich schon aufs Erzählen und Plaudern, und außerdem hätte er einen Bock ausgemacht für mich, einen recht passablen, der triebe sich auf dem Schlag herum, den ich schon kennen würde, den, wo die Stromleitung mittendurch führte.

Ich kannte diesen Schlag allerdings und hatte ihn in keiner guten Erinnerung. Denn da durfte ich einmal alleine ansitzen, der Jagdherr hatte in Salzburg Dienstliches zu erledigen und war nicht abkömmlich. Es zog dann in Windeseile – ganz wörtlich genommen – ein Gewitter auf von Westen her. Es krachte enorm, die Blitze zuckten verflixt schnell zu mir her. Und zu dieser Stromleitung auch. Die Regenwand sah ich auch schon kommen. Das fehlte mir gerade noch.

Wenn mich etwas nervös werden läßt, dann sind es saftige Gewitter im Wald über mir, und ich da unten mit einem Eisenrohr in der Hand. Und jetzt auch noch die Masten der Hochspannungsleitung direkt vor meinem Sitz! Nichts wie weg.

Ich packte meine Sachen zusammen und türmte, so schnell ich konnte. Mein Wagen stand eine ganze Ecke weg. Unterwegs erwischten mich die ersten fetten Tropfen, die sich ein paar Minuten später in erbsengroße Hagelkörner verwandelten. Als ich endlich die Autotür hinter mir zuknallte und erleichtert in das Polster meines Faradayschen Käfigs sank, prasselte es herunter, daß man keine zwei Meter weit sehen konnte. Und es blitzte und donnerte pausenlos. Wahrscheinlich hing die Leitung schon in Fetzen über dem Schlag, und mein Bock lag als verkohlter Haufen mittendrin.

Aber ich freute mich auf das Wiedersehen im Salzburgischen, und als es Anfang August dazu kam, war das schon ein Zusammentreffen zweier Spezis. Wir hatten uns in den vergangenen beiden Jahren genug beschnuppert und in Gedanken umkreist, um zu wissen, daß wir miteinander auskommen und gemeinsame Saiten anklingen lassen konnten.

Unsere Frauen verstanden sich auch prächtig, und so gab es erst einmal einen urgemütlichen Spätnachmittag im Tusculum, das da wie eine Miniburg auf einem kleinen Hügel lag. Von der Terrasse aus schaute man übers Tal hinüber auf die bewaldeten Hänge des Reviers mit den Schlägen dazwischen. Durch das Fernglas ließen sich auch Rehe ausmachen, wenn sie sich auf einem Schlag herumtrieben. Und eigentlich sollten sie jetzt treiben.

Nur hatte es auch dieses Jahr mit der Brunft wieder den Teufel. Es war zu trocken und zu heiß. Heiß ist ja gut in der Blattzeit, schwül noch besser, aber zu lange heiß und trocken, da bleibt auch der verliebteste Bock eher im schattigen Dunkel eines Jungfichtenhorstes sitzen.

Um sieben Uhr packten wir's an, fuhren mit dem Geländewagen zunächst durch Feindliches und ein paar Dörfer – der direkte Weg ins Revier, sozusagen vom Haus über das Tal hinüber, war durch einen brückenlosen Bach versperrt, dann ein Stück den Berg hinauf, um dort das Auto an einer Wegbiegung abzustellen. Als wir zu Fuß weitergingen, kamen wir an eine Stelle, wo der Weg durch eine kleine Wiese führte. In den Treckerspuren des Bauern, dem die Wiese gehörte, stand Wasser. »Hier gibt's noch Unken«, sagte mein Begleiter, und wirklich entdeckten wir einige Gelbbauchunken, die sich, gut getarnt durch ihre graue Oberseite, an den Rändern des kleinen Tümpelchens aufhielten. Ich hatte Unken seit meinen Kindertagen im Salzburger Land um unser Haus herum nicht mehr gesehen. Sie waren sehr selten geworden.

»Hier sind sie regelmäßig, obwohl der Bauer mit seinen schweren Fahrzeugen ständig durch diese Spuren fährt!« Ich wunderte mich zunächst. Eigentlich hätten die Tiere plattgefahren werden müssen. Doch dann fiel uns ein, was der Grund sein könnte, daß die Unken überlebten. Wahrscheinlich warfen die genau in die tiefen Spuren passenden Räder eine »Bugwelle« vor sich auf, mit der die Unken über den Rand hinausgeschwappt wurden. War der Spuk vorbei, krabbelten sie unbeschadet wieder hinein.

Wir kamen zu der kleinen Kanzel, die am unteren Saum des sich längs hinziehenden Schlages mit der Stromleitung stand. Ich äugte mißtrauisch in den Himmel, ob sich da vielleicht Gewitterwolken zeigten, aber er war rein und blau.

Nachdem wir uns eingerichtet hatten, suchten wir mit den Gläsern den Schlag ab. Er stieg leicht an zum Waldrand oben und war ziemlich dicht verwachsen mit Erlen und Haselbüschen. Dazwischen gab es freiere Stellen. Offenbar war noch nichts draußen. Und es passierte mal wieder nichts.

Aus den Augenwinkeln nahm ich wahr, daß links neben mir eine Hand zum zwischen uns auf der Sitzbank liegenden Rucksack tastete. Oh bitte nicht blatten, betete ich still, aber heftig. Er holte aber nur die Pfeife heraus, brachte sie zum Dampfen und schmauchte genüßlich vor sich hin. Ich hatte schon längst gemerkt, daß dieser Mann genau wie ich sitzen konnte und einfach entspannen. Es brauchte sich nichts zu zeigen, er freute sich einfach, im Wald zu sein, genoß die Luft, den Blick auf die Berge, übers Tal zu seinem Häuschen, die Stille. Auch das machte ihn mir sympathisch.

Urplötzlich stand oben am Waldrand ein Reh. Das geht ja häufig so, daß man stundenlang ins leere Gelände schaut und dann auf einmal ein Stück Wild da ist, von dem man gar nicht weiß, wie es dahin gekommen ist. Es war ein Bock.

»Der tät schon passen«, hörte ich es leise neben mir flüstern. »Machen S' sich fertig«! War ich schon längst, brauchte ich doch nur die Büchse ein wenig anzuheben und auf die wetterfleckgepolsterte Auflagenstange zu schieben. Zum Schießen war es zwar nicht zu weit, aber trotzdem hätte ich ihn gerne

16

etwas näher gehabt. Und da er gerade ausgetreten sein mußte, würde er ja hoffentlich nicht gleich wieder kehrtmachen. Außerdem stand der Bock spitz von vorn, da ging sowieso nichts.

Der Bock windete. Uns konnte er nicht mitbekommen, der Wind ging hangab. Wahrscheinlich suchte er oder hatte den Duft einer früher vorbeigezogenen Ricke in der Nase (ich weiß, das heißt Windfang, aber dann stünde in diesen Zeilen dreimal ein Wort mit »Wind«). Die Bestätigung dafür bekamen wir sofort, denn der Bock machte eine viertel Drehung und zog, dem Waldrand folgend, nach links davon. Noch eine kleine Richtungsänderung, und er zeigte uns seinen Spiegel. Schon verschwand er in dichtem Buschwerk. Und wenn da hinten irgendwo die Ricke stand, dann konnten wir's für heute vergessen.

Meines Nachbarn Hand fuhr zum Rucksack. Die Pfeife wollte er diesmal nicht, die lag neben ihm auf einer Querstange der Kanzel. Schon hatte er den Blatter an den Lippen. »Büüb – bööb – büüb«, es schallte über Berg und Tal. Unsere Frauen, die zu Hause auf der Terrasse saßen, zwei Kilometer entfernt, mußten es hören. Ich blieb diesmal gelassen, weil es sowieso egal war. Der Bock war weg und legte bei diesem Lärm höchstens noch ein paar Schritte zu.

Ich glaube es nicht: Da taucht doch nach einer halben Minute der Bock wieder auf, genau an der Stelle, an der er verschwunden war! Da oben steht er und äugt in Richtung unserer Kanzel. »Bööb – büüb – bööb« geht's nebenan. Der Bock setzt sich in Bewegung, nimmt Fahrt auf, springt, stürmt den Schlag herunter, durch dick und dünn – bei aller Spannung jetzt fährt es mir wieder durch den Kopf: Wie machen die das, ohne sich die Läufe zu brechen? – verschwindet hinter einem Felsbrocken, kommt auf der anderen Seite heraus und steht dann auf vierzig Schritt vor uns. Nur das Haupt ist frei, dann macht er noch einen Schritt vor, das Blatt kommt ins Fadenkreuz, und im Schuß fällt er vornüber in die Haselstauden.

»Waidmannsheil«, sagt mein Jagdherr, und ich spüre, daß es ihn vor Aufregung ein wenig beutelt. Mich übrigens jetzt auch, hinterher Gott sei Dank. Ein paar Minuten sind wir beide still und zünden uns zeitgleich die Pfeifen an.

17

Wir haben inzwischen alle vier Brüderschaft getrunken, und ich habe Günter auch gefragt, ob ich diese Geschichte einmal aufschreiben darf. »No ja«, hat er gesagt, »warum denn nicht?«

Der Brandfuchs

Eigentlich hieß er Franz Stanzinger, aber alle im Dorf und die, die ihn sonst kannten, nannten ihn Stanz. Und der Stanz war in der näheren und auch weiterer Umgebung so etwas wie ein bunter Hund.

Es gab nichts, was er nicht fertiggebracht hätte mit seinen geschickten Händen. Er reparierte Kinderkarren und Autos, altersschwache Gartenzäune oder zerrissene Pferdegeschirre. Er deckte Scheunen und Häuser neu, verputzte Wände und strich sie an, wenn das alte Zeug abgebröckelt war. Brachte man ihm ein krankes Tier, dann war dieses spätestens drei Tage danach wieder auf den Beinen. Kurz, der Stanz war gewissermaßen ein Allroundgenie, wenngleich auch nur mit seinen Händen. Denn im Kopf war der Stanz nicht ganz so schnell und so beweglich, schreiben konnte er nur seinen Namen und lesen kein Wort.

Als ich ihn kennenlernte in der Zeit, in der ich als Student aus München in den bayerischen Mooren herumkroch, um Vögel zu beobachten, mußte er einiges über sechzig Jahre auf dem Buckel gehabt haben. Genau sein Alter wußte niemand, der Pfarrer vielleicht, der im Taufbuch hätte nachsehen können. Aber wen interessierte das schon.

Stanz verdiente sich neben seiner kleinen Landwirtschaft mit den unterschiedlichsten Arbeiten ein paar Mark und Pfennige dazu, kam gut zurecht damit, weil er auch in seinem windschiefen Häuschen am Rand des Dorfes alleine lebte. Seine Frau war gestorben, die Kinder vor Jahren nach München in die Stadt gezogen.

Bei einem meiner Gänge durch das Moor fand ich damals eine tote Schleiereule, die mit einem Flügel im Stacheldraht einer Viehkoppel hing und erst vor kurzem verendet zu sein schien. Jedenfalls haftete ihr noch nicht der Geruch älterer Kadaver an, und ich fand es schade, sie da hängen zu lassen. Vielleicht ließ sich der Vogel noch präparieren.

Damals war das noch erlaubt. Man konnte tote Tiere, die man fand, einem Präparator bringen und sie für sich privat behalten, wenn sie hergerichtet waren. Heute ist das per Gesetz verboten. Man macht sich schon strafbar, wenn man ein geschütztes Tier – und es gibt kaum noch Arten, die nicht unter Schutz stehen – aufnimmt und mit sich herumträgt, um es irgendwo abzuliefern. Ganz wenige staatliche Institutionen dürfen solche Tiere annehmen und behalten, zum Beispiel Naturkundemuseen.

In den Nachkriegsjahren aber krähte kein Hahn danach, was und wo aufgesammelt wurde, nur überfahrene Hasen oder Rehe beließ man tunlichst an Ort und Stelle, um nicht der Wilderei bezichtigt zu werden.

Ich löste die Eule also vorsichtig vom Stacheldraht, steckte sie in meinen Rucksack und machte mich auf den Weg ins Dorf. Dort fragte ich den Wirt vom Gasthaus, dem einzigen, das es gab, ob er jemanden kennen würde, der präparieren konnte.

»Jo, der Stanz, der stopft solche Viecher aus«, sagte er. Und: »Den kennan S' eh!« Damit hatte er recht, ich kannte den Stanz. Daß er allerdings präparatorische Fähigkeiten besaß, war mir neu. Aber warum eigentlich nicht, da er sonst auch alles fertigbrachte.

Nach einer Maß Bier schulterte ich also meinen Rucksack und marschierte durch das Dorf zum Stanz. Er war zu Hause und gerade damit beschäftigt, einen Kater zu kastrieren. »Griaß di, setz' di hin, i hobs glei«, brummte er über die Schulter, wandte sich dann wieder dem Kater zu, und ruck zuck war ab, was ab mußte. Auf die kleine Wunde strich der Stanz irgendeine undefinierbare Salbe, machte dann die Haustür auf, und der Kater schoß hinaus und draußen auf den nächsten Baum, um sich von seinem Schreck erst einmal zu erholen.

»Stanz«, sagte ich, »ich hab' gehört, daß du Tiere präparieren kannst, der Wirt hat's mir berichtet!«

»Mei«, sagte der Stanz, »wennst moanst, daß ich's ausstopf, nachat stimmt's. Kimm amoi mit in Keller, na zoag i da was!«

Im Keller gab es einen kleinen Raum, etwa zwei mal drei Meter im Geviert. Ein Gruselkabinett war nichts dagegen. Alles war voll mit ausgestopften Tieren, auf dem Tisch standen sie, am Boden, und die meisten hingen an den Wänden.

Fasane, verschiedene Enten, ein Graureiher, ein Storch. Amsel,

Drossel, Fink und Star. Hauptsächlich Vögel. Aber auch ein Hermelin im Winterpelz krümmte sich um eine Moorwurzel. Ein Hase, kegelmachend mit schlappen Ohren schaute dümmlich aus einer Ecke mit falsch, aber auch schon total falsch eingesetzten Augen. Ein Schielhase war das. Ein Rehkitz, ein Fuchs. Wie sie da standen und hingen, sie waren tatsächlich a u s g e - s t o p f t, und auch nur geringfügige präparatorische Fähigkeiten waren Stanz schlichtweg abzusprechen.

Trotzdem, nach München zu einem gelernten Präparator kam ich erst in ein paar Tagen, bis dahin war die Eule hinüber. Tiefgefriertruhen gab's noch nicht, schon gar nicht auf dem Dorf. Also zog ich den Vogel aus dem Rucksack. »Ich hätt' da was für dich, kannst mir die machen?«

»Mach i da«, sagte der Stanz, »morgen abend kannst dir's abholn«. Bei derart schneller Bedienung wunderte mich das Aussehen dieser Krucken nun wirklich nicht mehr. Doch als ich meine Schleiereule dann anderntags entgegennahm, mußte ich mir gestehen, daß sie weit besser gelungen war als ihre Leidensgenossen. Vielleicht gab sich der Stanz bei mir, dem G'studierten, doch mehr Mühe. Ich gab ihm ein paar Mark und hing die Eule fürs erste in der Wirtsstube neben dem Tresen auf. Stanz würde vor Stolz platzen.

Wir saßen nämlich oft am Abend beim Wirt zusammen auf ein paar Maß Bier, der Stanz, ich, Bauern aus dem Dorf, der Pfarrer schaute auch gern herein, und der eine oder andere Jäger. Und wenn alle schon leicht angedudelt waren, kam das Gespräch fast immer auf die Jagerei.

Die Jagd gehörte dem Baron vom Schloß drüben am See. Unter anderem war der deswegen nicht unbeliebt, weil er zu seinen Treibjagden im Herbst und Winter auch die Dörfler einlud. Nicht als Treiber, nein, als Schützen, soweit sie einen Jagdschein hatten. Nur, wer schon am Morgen der Jagd mit besoffenem Kopf antrat, wurde heimgeschickt unter Androhung ewigen Ausschlusses, falls er nicht nüchtern am Abend beim Schüsseltreiben wieder mitmachen konnte. Keiner, so wurde mir berichtet, hatte bisher das Schüsseltreiben verfehlt.

Da ging es auch jedesmal hoch her und lustig zu, das kann man sich denken. Der Wirt kam mit dem Zapfen und dem Auffüllen der Teller kaum nach. Dazwischen machte die Schnapsflasche die Runde. Und palavert wurde auf Teufel komm raus, über die letzte Jagd natürlich besonders, und wer da was für Patzer gemacht hatte. Der Baron kürte den jeweiligen Jagdkönig, und der mußte eine Runde springen lassen.

Sie kamen gut aus miteinander, der Jagdherr, seine Gäste aus der Stadt und die vom Dorf. Nur einen hatten die Dörfler gefressen, den Preiß. Das war einer, mit dem der Baron irgendwelche geschäftlichen Beziehungen ins ferne Düsseldorf unterhielt, woher der Preiß auch stammte. Alles, was von nördlich der Donau herrührte, war für die Bayern ein Preuße, da machten sie nicht den kleinsten Unterschied.

Er mochte ja ein guter Geschäftsmann sein, der Preiß, aber vom Jagen verstand er wenig, konnte einen Hasen nicht von einem Kaninchen und einen Fasan nicht von einem Rebhuhn unterscheiden. Dafür gab er um so mehr an. »Wia a Sack voll Affen«, pflegte Stanz zu bemerken, sobald die Sprache auf den Preiß kam. Der redete viel und laut, auch wenn ihn kaum einer verstand und er die Einheimischen auch nicht. Und dann trank er kein Bier und keinen Schnaps, sondern Wein, was ihn vollends unsympathisch machte.

Einmal bei einem solchen Schüsseltreiben, erzählte jemand, er hätte einen Brandfuchs gesehen. Einen Fuchs mit einem fast schwarzen Bauch, worauf der Preiß gefragt hatte, »wat denn dat sei«. »No ja«, erklärte ihm ein Nachbar, »des is a Fuchs, der wo an schwarzen Bauch hat!« Und nach ein paar Minuten Pause: »Und an schwarzen Schwoaß hata a!« »Ja wie denn dat«, fragte der Preiß, »wieso hat der denn schwarzes Blut?« Sein Nachbar Sepp darauf: »Weil, wenn der koan schwarzen Schwoaß nicht hätte, sein Bauch auch nicht schwarz sein können tät«, wobei er sich bemühte, hochdeutsch zu sprechen. »Weil nämlich der Schwoaß in d'Bauchhaar neinfließt, und nachat werden die schwarz. Hast mi?«

»Is det wahr?« fragte der Preiß, der überhaupt nichts kapiert hatte, und der Sepp darauf: »Freili, wannst im nächsten Jahr a wieder dabei bist bei dera Jagd, nachat zoag ma da vielleicht einen, einen Brandfuchs, einen damischen!«

Die ganze Runde hatte gegrinst, der Baron auch, dann soff man weiter bis zum frühen Morgen und war schließlich nach Hause gewankt.

Die meisten vergaßen die Sache, aber der Sepp nicht. Nach einem heißen Sommertag, als man sich wieder einmal beim Wirt traf, brachte er die Geschichte mit dem schwarzblütigen Brandfuchs wieder auf den Tisch. »Paßt's auf«, meinte er, »den Preiß, den depperten, den kriag ma, da miaß ma was machen! Wirt, no a Maß!«

»Was hast dir denn denkt?« Die Frage kam vom Bürgermeister. »Ja mei«, sagte der Sepp, »i hab ma halt denkt – geh, hol einer den Stanz, den brauch ma jetzt!« Worauf einer der Anwesenden aufstand, um den Stanz zu holen, während sich die anderen noch eine weitere Maß genehmigten.

Das war der Zeitpunkt, zu dem ich ins Wirtshaus kam, und an den Verschwörermienen der um den Stammtisch Versammelten erkannte ich bald, daß hier etwas ausgeheckt wurde. Und ließ mir berichten. Die Katze ließ der Sepp aber noch nicht aus dem Sack, erst mußte der Stanz da sein.

Da war er schon und setzte sich zu uns. Sepp nahm noch einen kräftigen Schluck aus dem Krug, fixierte dann den Stanz und sagte: »Du hast doch da in deinem Keller so einen ausg'stopften Fuchs, oda?« »Ja, hob i«, sagte der Stanz.

»Also«, fuhr der Sepp fort, »dem machst an schwarzen Bauch, des wirst ja z'ammbringen, nachdemsd' a Haus a anstreichen kannst. Und bei der nächsten Treibjagd stelln wir den da hin, wo der Baron dem Preiß immer sein Stand gibt. Der werd Augen machen, der Depp der!«

»Und nachat?« Diese Frage, vom Pfarrer gestellt, war nicht ganz unberechtigt.

Die Runde versank in nachdenkliches Schweigen, und jeder überlegte, ob das nun alles sein sollte. Wo war der Witz bei der Sache? Ganz nüchtern waren sie auch nicht mehr. Der von Sepp aufgegriffene Faden hatte kein zündendes Ende. Bis irgendwer sagte: »An schwarzen Schweiß muß er haben!«

»Sakkra«, der Sepp hieb mit der Faust auf den Tisch, »des hab i glatt vergessen, des mit dem Schweiß, dem schwarzen, den brauch ma!«

»Wenn der Preiß auf den Fuchs draufhalt', muß rundum alles schwarz werden. Wia damma des?«

Das sollte heißen, wie stellen wir das an? Wenn sie dem Preiß wirklich eins auswischen wollten, genügte es nicht, daß der auf einen ausgestopften Fuchs Feuer gab, was ihm ohne weiteres zuzutrauen war, der Fuchs mußte Schwarzes von sich lassen.

Ich hatte eine Idee und fragte den Stanz, ob er seinen Fuchsbalg wieder aufweichen könnte. »Des geht scho«, meinte er, »den pack i in a nasse Deck'n, nachat wird er woach!«

»Also, das machst. Und wenn er richtig weich ist, dann steckst' ihm eine Saublase ins Maul. Weit hinten hinein bis in den Hals. Das schaut dann zwar aus, als hätt' er einen Kropf, aber des gibt's ja in Bayern öfters. Und in die Saublas'n da geben wir eine Tinte, eine schwarze, hinein. Vielleicht klappt's!«

Der Stanz schaute mich so von unten herauf an. »Mei, du bist a ganz a ausg'schamter Bazi, a ausg'schamter«, worauf die Runde zustimmend nickte, und der Sepp die abschließende Bemerkung machte: »Des werd a Gaudi!«

Man erhob sich leicht wankend, zahlte und machte sich auf den Heimweg. Ich dachte mir, daß unser Plan wahrscheinlich nicht zur Ausführung kommen würde, weil die Sache für Stanz zu kompliziert war, aber da täuschte ich mich.

Der Sommer ging ins Land, der Herbst war Erntezeit, die Bauern hatten reichlich zu arbeiten. Und dann begann es Anfang November schon heftig zu schneien. Ich kam von München noch einmal ins Dorf, um mein Zimmer, das ich für meine Beobachtungszeit im Moor von einer Witwe gemietet hatte, auszuräumen. Anschließend ging ich ins Wirtshaus, um ›pfiadi Gott‹ zu wünschen bis zum nächsten Frühjahr.

Es war noch keiner da außer dem Wirt, aber innerhalb der nächsten Stunde kamen sie nacheinander herein mit roten Ohren und Nasen, rieben sich die Hände warm und hockten sich um den Tisch. »Am dritten Dezember is Treibjagd«, sagte schließlich jemand, worauf alle mich anschauten. »Was schauts denn so, ich hab keinen Jagdschein«, sagte ich.

»Du brauchst koan Jagdschein«, sagte der Sepp. »Aber drei, vier Tag vor der Jagd mußt herkommen und dem Stanz mit dem Fuchs helfen. Sonst packt der's net mit dera Saublas'n!«

Also so lief der Hase! Die Bande wollte mich voll vor ihren Karren spannen. Nicht genug, daß ich ihnen die Idee geliefert hatte, jetzt mußte ich auch weitermachen. Warum auch nicht? Half ich mit, den Preiß aufs Kreuz zu legen, konnte ich sicher sein, im nächsten Jahr wieder wohlwollend in die Gemeinschaft aufgenommen zu werden und außerdem einige Freibiere spendiert zu bekommen. Ich versprach, am Wochenende vor der Jagd herauszukommen. Der Fuchs müßte dann aber schon weich sein und die Saublase frisch, sauber und schmiegsam.

»Mach i da ois«, sagte der Stanz. Zu Hochdeutsch: Du wirst alles vorfinden wie gewünscht.

Die drei Wochen vergingen schnell. Am Samstag früh stieg ich in den Vorortzug und an dem kleinen, verschlafenen Bahnhof irgendwo zwischen Feldern, Wald und See sprang ich hinaus in den Schnee, stapfte die zwei Kilometer bis zum Dorf und klopfte beim Stanz an die Türe. In meinem Gepäck hatte ich zwei Tintenfässer mit schwarzer Tusche.

»Griaß di«, sagte der Stanz, »kimm eini. Mogst a Stamperl?« Ich nickte, weil es kalt war, und wir kippten den selbstgebrannten Obstler, der einem zwar den Magen durchbohrte, aber die Körpertemperatur um ein paar Grad in die Höhe schnellen ließ. Dann gingen wir hinunter ins Gruselkabinett. Da stand der Fuchs mit nassem Fell und war weich wie Butter. Daneben lag die Saublase, sauber, schmiegsam und frisch. »Guat?« fragte der Stanz. »Glaub schon«, sagte ich, »pack mas an!« Ich bog dem Fuchs das Maul auseinander und spürte keinen Widerstand, weil der Stanz gar keinen Schädel eingearbeitet hatte. Statt dessen waren die oberen und unteren Eckzähne mit Kleber in der Holzwolle befestigt, die das Maul ausfüllte. Um so besser. Mit dem Schädel im Balg wäre das schwieriger geworden.

Ich fuhr mit der Faust dem Fuchs in den Rachen und dehnte das Fell, so weit es möglich war. Einige Ballen von der Holzwolle mußten heraus. Dann schien Platz zu sein, um die aufgedehnte Saublase in der Größe eines doppelten Tennisballes im Schlund unterbringen zu können.

Während Stanz dem Fuchs weiter das Maul aufriß, versuchte ich, die Blase einzupassen. Nach einigem Hin und Her war sie dort, wo ich sie haben wollte. Am Unterhals entstand ein Kropf, der würde aber aus der Entfernung überhaupt nicht auffallen, dem Preiß schon zweimal nicht. Ich holte die Blase wieder heraus.

Sie war gut hergerichtet und hatte nur ein kleines Loch. »Hast irgendeinen Leim, der gut klebt?« fragte ich, und Stanz verschwand nach oben. Ich hörte ihn kramen und brummen, und

dann erschien er wieder mit einem Topf in der Hand. »Der pickt
dir den Arsch z'samm, daß nix mehr geht!« Genau das brauchte
ich.
An einem Nagel in der Wand entdeckte ich einen blechernen
Trichter. Den steckte ich in das Blasenloch und füllte die Tusche
hinein. Die Menge paßte haargenau.

»Halt's fest, Stanz! Aber mit dem Loch nach oben!« Sicher war
sicher. Von einer alten, verdreckten Leinenschürze, die einmal
blau gewesen war, riß ich am unteren Rand einen schmalen Streifen ab, ohne daß Stanz Protest erhoben hätte. Den Streifen fal-
tete ich viermal, tauchte ihn in den Leimtopf und verschloß
damit das Loch der Blase.
Ich fragte den Stanz, wie lange das Zeug zum Trocknen brauchen würde, und er meinte, vielleicht a hoibe Stund. »Gut«,
sagte ich, »dann leg' ich da jetzt noch ein Stück Papier oben
drauf, du legst deine Hand drumrum und druckst ein bisserl –
aber vorsichtig schon, gell – und dann wartst, bist meinst, daß
es trocken ist. Ich geh derweil hinauf und nehm mir noch ein
Stamperl.«
Als ich nach einer halben Stunde wieder im Keller erschien, hatte
sich der Stanz keinen Millimeter gerührt. Wir probierten den
Halt des Verschlusses, drehten die Blase vorsichtig um, und
nichts lief heraus, auch nicht, als ich vorsichtig ein wenig drückte.
»Paßt schon«, sagte ich, und der Stanz grinste erleichtert. »Jetzt
rein mit der Bombe!« Ich schob sie langsam dem Fuchs ins Maul
bis hinten hin. Dann klappte ich die Kieferhälften wieder zusam-
men, wickelte eine Schnur darum und fertig.
»Jetzt laß d' ihn trocknen, dann mußt' das Fell bürsten und den
Bauch schwarz anstreichen, und dann könnt's mit dem Vieh
machen, was wollts! Aber gib acht, daß des Ding nicht platzt.
Ich geh jetzt. Muß den Zug nach München noch erwischen.
Grüß die anderen, den Pfarrer auch, wenns't magst, und viel
Erfolg nachher mit dem Brandfuchs und dem Preiß. Ich komm'
schon wieder, noch vor Weihnachten, zum Erzählen!« »Ja,
pfiadi«, sagte der Stanz, nahm den Fuchs unter den Arm, um
ihn oben neben den Ofen zu stellen und brachte mich zur Haustür. Ich glaubte nicht daran, daß sie mit ihrem Vorhaben Erfolg
haben würden. Aber sie hatten.
Nach dem Bericht, den ich vierzehn Tage später beim Stammtisch im Wirtshaus bekam, lief alles so, wie sie sich das vorgestellt hatten. In aller Früh, am Jagdtag, war der Sepp mit dem
eingewickelten Fuchs hinaus, noch bei Stockfinsternis, und hatte
ihn auf dreißig Meter vom Stand des Preiß halb hinter einer ver-
schneiten Fichte plaziert. Etwas spitz von vorne, vom Stand aus
betrachtet. Dann hatte er ihn mit zwei Fichtenzweigen getarnt.

Die sollte ein eingeweihter Treiber im Vorbeistreifen wegnehmen und dann möglichst schnell verschwinden. So geschah es. Der Preiß wurde abgestellt, hockte sich auf seinen Sitz und war auch nicht mehr ganz nüchtern, weil ihm beim Frühstück schon ordentlich Schnaps eingeflößt worden war. Den schluckte er auch, wenngleich unter Protest. Ein Wein war ja nicht aufzutreiben gewesen.

Das Treiben nahm seinen Gang, es krachte lustig auf allen Seiten, aber dem Preiß kam nichts. Bis dann der Treiber die Tarnzweige packte und um sein Leben rannte. Kurz darauf machte es Wumm, und dann wurde abgeblasen. Eine perfekte Regie.

Gleichzeitig mit dem Preiß kamen der Sepp und noch ein anderer Dorfjäger zu dem Fuchs. Der lag da auf der Seite, halb im tiefen Schnee, und rundherum war alles schwarz, und aus dem Maul lief die schwarze Soße. Dem Preiß sollen die Augen aus dem Kopf gefallen sein, wie er das gesehen hat, und »Ich werde glatt verrückt«, soll er gemurmelt haben. Bevor er sich dann seine Beute näher betrachten konnte, hatte sich Sepp den Balg geschnappt und mit den Worten »Den kriagst nicht, der is für die Gemahlin vom Herrn Baron, der Brandfuchs, der einmalige!« auf das schnellste verabschiedet.

Die Gaudi ging natürlich am Abend beim Schüsseltreiben erst richtig los, als der Baron, der sich halbtot gelacht hatte, nachdem ihm die Geschichte berichtet worden war, den Preiß zum Jagdkönig ernannte, weil ein schwarzblütiger Brandfuchs nur einmal im Jahrhundert zur Strecke kam. Dem glücklichen Schützen schwoll daraufhin mächtig der Kamm. Er ließ gleich mehrere Runden Bier und Schnaps springen, bis keiner mehr aus den Augen schauen konnte.

Wie er dann am anderen Morgen aus seinem Zimmer kam, stolperte er über den Ausgestopften, und da ging ihm endlich ein Licht auf. Das muß ihn dermaßen erleuchtet haben, daß er sich in Zukunft im Dorf nicht mehr blicken ließ und natürlich auch bei den Jagden nicht.

Am Stammtisch machte die Geschichte aber noch jahrelang die Runde, und der Stanz war dann jedesmal der Held des Abends.

Sauen satt

Als ich die Einladung mit der Post erhielt, war ich völlig überrascht. Der Brief kam aus Bayern. »Einladung zur Saujagd«, stand da, »am 27. November, Anreise am Abend vorher oder am Morgen des Jagdtages. Treffen im Waldhaus«. Lageplan war angeheftet.

Ich mußte erst einmal luftholen, bevor ich weiterlesen konnte. Dann fiel mein Blick auf etwas Handgeschriebenes, offensichtlich vom Sohn des Gastgebers: Mein Vater würde sich besonders freuen, wenn Sie kommen könnten! Und dann gab es noch ein Beiblatt. »Gäste, die mit dem Flugzeug anreisen«, las ich – und hörte auf zu lesen. Das war entschieden eine Nummer zu groß für mich. Aber in meiner alarmierten Jägerseele begann das Tauziehen. Zur Saujagd nach Bayern, in meine alte Heimat! Das wäre schon etwas!

Aber wie komme ich da hin? Mit dem Auto bei Schnee und Glatteis vielleicht? Das war nichts! Ein paar Stunden Fahrt hin und anderntags zurück? Keine anspornende Vorstellung.

Ich könnte ja mit der Bahn fahren, mit diesem ICE, der von Hannover in nullkommanichts nach Bayern flitzt. Mit der Waffe im Gepäck? Und dem ganzen sonstigen Outfit? Ich würde mich keine Sekunde trauen, meinen Sitz zu verlassen. Und müßte natürlich auch schon am Tag vorher reisen, einem Freitag, wo ich eigentlich zu arbeiten hätte. Einen Tag Urlaub nehmen? War da überhaupt noch einer über?

Die Mannschaft, die absagen wollte, zog heftig. Dann kam mir der Gedanke, daß diese Jagd wohl über eine dieser Saujagden, wie ich sie von Zuhause kannte, etwas hinausgehen würde. Sonst kämen die Gäste – mit dem Flugzeug – wohl kaum aus ganz Europa. Oder woher auch immer. Bei fast allen heimischen Treiben auf Sauen sah man selten eine aus der Entfernung, und zu Schuß kam man erst recht nicht. Vielleicht einmal in fünf Jahren. Entsprechend mager waren denn auch meine Erfahrungen, im Erlegen von Schweinchen. Wenn ich nun zusagte und mich dann furchtbar blamierte? Die Minus-Mannschaft legte noch einmal zu.

Sag ab, stichelte der Antijäger, das ist viel zu stressig für dich. Dann kommt ja auch gleich danach dein Geburtstag, und Weihnachten und Neujahr, Hektik pur, das alles!

Vielleicht eine einmalige Gelegenheit, flüsterte der Projäger, Sauen pur! Überschlaf es wenigstens, morgen ist auch noch ein Tag!

Ich schlief schlecht oder überhaupt nicht, wälzte mich und die Gedanken in meinem Schädel herum und kam zu keinem Ergebnis. In der Früh, nach der ersten Tasse Kaffee, nahm ich mir noch einmal das Beiblatt vor: »Gäste, die mit dem Flugzeug anreisen oder mit der Bahn« – ha! – »werden um Nachricht gebeten, wegen Abholung vom Flugplatz oder Bahnhof. Waffen können hier ausgeliehen werden«. Da surrte das Seil in mir zur anderen Richtung, und die Minus-Mannschaft fiel auf den Bauch. Ich sagte zu.

Und nachdem ich dann wieder klare Gedanken fassen konnte, fiel mir ein, welcher Umstand mir zu dieser Einladung verholfen hatte. Es gab, von meinem Gastgeber geschrieben, zwei hervorragende Bücher über Rehe. In dem einen warf er die Frage auf, wieso Rehe, wenn sie einen Feind entdeckt haben und lauthals schreckend flüchten, sich bei der Flucht nie nach diesem Feind umschauen. Das schiene ihm sehr merkwürdig.

Mir wurde zunächst einmal deutlich, daß es völlig seine Richtigkeit hatte, mit dem sich nicht Umschauen, wurde mir dessen jedoch zum ersten Mal bewußt. Durch die wenigen Sätze im Buch, war jahrzehntelang unbewußt Wahrgenommenes aufgedeckt worden.

Die Antwort auf die offenstehende Frage fiel mir dann ziemlich schnell ein. Rehe sind Fluchttiere, bei denen die Augen seitlich am Kopf liegen und eine beinahe vollständige Rundumsicht ermöglichen. Das ist auch so bei Rotwild, Damwild, Hasen, Kaninchen und anderen, hinter denen ein Feind her sein kann. Beim Fliehen haben diese Tiere es daher gar nicht nötig, sich umzuschauen. Einen nachjagenden Feind – und nur auf das Nachjagen mit der dazugehörenden Bewegung kommt es an – können sie auch bei nach vorne gerichtetem Kopf wahrnehmen.

Ganz anders ist das bei den Beutegreifern. Fuchs, Hund, Katze etwa. Bei ihnen liegen die Augen nach vorne gerichtet, was plastisches Sehen und damit sicheres Verfolgen und schließlich Fangen der Beute ermöglicht. Und diese Tiere drehen sich auch um und blicken einmal zurück während der Flucht, wenn sie wissen wollen, ob ihnen einer auf den Fersen ist. Ein Reh eben schaut nur im Stehen über die Schulter.

Ich schrieb diese Erklärung damals dem Autor und erhielt bald darauf von ihm Zustimmung und ein Dankeschön. Und daher wohl jetzt die Einladung zur Saujagd.

Inzwischen hatte ich mit dem für die Organisation zuständigen Büro in Bayern telefoniert. Das mit der Leihwaffe ging in Ordnung, ich könne mir eine aussuchen. Jagdhocker wären auch genügend vorhanden. Und am Abend würde ich am Bahnhof abgeholt werden. Bitte nicht zu vergessen, noch die Ankunftszeit durchzusagen! Übernachtung im Waldhaus.

Für mich war das alles sehr spannend und geheimnisumwittert. Was würde mich erwarten?

Endlich kam dann der ersehnte Freitag. Ich saß auf meinem reservierten Mittelplatz im ICE, um festzustellen, daß die Sitze so eng waren, daß man nicht einmal eine Zeitung aufschlagen konnte, ohne seinen beiden Nachbarn unter die Nasen zu wedeln. In meinem Koffer befand sich Warmes, mein Glas und ein paar bessere Sachen für den Abend.

Als der Zug am Zielbahnhof hielt, fiel mir ein, daß ich gar nicht wußte, wie ich meinen Abholer erkennen sollte. Aber da gab es nur wenige Menschen und nur zwei, die so aussahen, als würden sie auf Aussteigende warten. Einer davon war eine Dame im Pelz. Die nicht. Der andere war ein junger Mann in Jägerloden. Der also. Es stimmte, und nachdem er noch einen zweiten Jagdgast eingefangen hatte, brachte er uns zum Wagen, und wir fuhren bei Stockfinsternis über Land. Erst Autobahn, dann Landstraße, dann durch ein großes Waldgebiet und hielten schließlich vor einem bayerisch-gemütlich wirkenden Haus dort mittendrin.

Ich will jetzt diesen Abend vor dem Jagdtag nicht in allen Einzelheiten schildern, aber er war jedenfalls ausgefüllt mit herzlicher Gastfreundschaft und guten Gesprächen. Mit den leiblichen Genüssen kam man auch nicht zu kurz.

Und überall gab's laufende Keilerchen: auf den Fußbodenkacheln, auf den Servietten, den Biergläsern. Im Schlafzimmer dann auf der Bettdecke, dem Handtuch, auf dem kleinen Teller mit den Betthupferln, und als ich kurz vor Mitternacht ziemlich todmüde ins Bett sank, liefen sie auch durch meine Träume.

Am nächsten Morgen hieß es, um 6 Uhr 30 aus den Federn zu kommen. Der Tag versprach etwas frostig, klar und windstill zu werden. Ich zog mich gut warm an und stieß eine halbe Stunde später zum Frühstückstisch und auch den meisten anderen Gästen. Schon am Abend vorher hatte ich herausgefunden, daß ich der einzige Neuling in diesem Kreis war und versuchte jetzt mitzubekommen, wie und wo es denn langgehen würde, mit keinem großen Erfolg, weil die meisten noch halb schliefen.

Jemand brachte Frühstücksbeutel mit belegten Broten und Schokolade zum Mitnehmen für die Brotzeit, aber in der Aufregung ließ ich meinen liegen, durfte mich jedoch später an der Ration eines mitleidigen Waidgenossen beteiligen. Noch waren wir nicht so weit.

Zunächst einmal winkte mich einer der die Gäste betreuenden Jäger zu sich. »Sie brauchen doch noch eine Büchse«, sagte er, »kommen S' mit in die Jagdkammer, da schauen wir mal nach!« Es gab genug, und ich entschied mich für eine leichte mit einem zweifachen Zielfernrohr. »Auweh«, meinte der Jäger, »grad für die hab ich nur zwölf Patronen!« Na und? Zwölf Patronen würden für die nächsten fünf Jahre reichen, dachte ich bei mir und hätte doch stutzig werden müssen. Und weil ich die Büchse nicht zurückgab, fuhr er fort: »Na nehmen S' die halt. Wenn S' nach dem ersten Treiben eine andere brauchen, dann haben wir die im Wagen dabei und genug Patronen dazu!« Zumindest jetzt hätte bei mir der Groschen fallen müssen, tat es aber nicht, und so gesellte ich mich mit der Büchse zum inzwischen vollständigen Kreis der übrigen draußen auf dem Hof.

Wir wurden instruiert, was geschossen werden darf. Bei Sauen alles frei, nur bitte keine führenden Bachen. Da war ich erleichtert, weil von Zuhause gewohnt, daß es da meistens hieß: Frei sind Frischlinge und Überläufer, letztere aber nur bis 50 Kilo, keine führenden und sonstigen Bachen, keine Keiler unter was weiß ich, und damit traute man sich kaum, den Finger krumm zu machen.

Weibliches Damwild wurde auch noch freigegeben, die Jagdgäste in ein paar Kleinbusse verteilt, und ab ging es in den Wald. Außer mir waren noch vier andere im Wagen und unser Jäger, der uns anstellen würde. Wir bogen vom Hauptweg ab in ein schmales Wiesental hinein und hielten an, wo die Wiese aufhörte und das Tal sich zwischen zwei Hängen verengte. Der Jagdführer winkte mir auszusteigen, brachte mich zu einer plattformartigen niederen Kanzel ohne Dach, sagte: »Das ist ein guter Stand, konzentrieren Sie sich auf den Gegenhang, und schießen Sie nur so, daß Sie Kugelfang haben. In der Richtung, in der Sie die roten Querstangen sehen, dürfen Sie nicht schießen, da steht ein Nachbarschütze!« Damit verschwand er. Zwei solcher rot angestrichenen Fichtenstangen entdeckte ich links schräg hinter meinem Stand. Im Verlauf des Tages fand ich sie überall. Eine äußerst praktische Einrichtung, um sofort erkennen zu können, wohin nicht.

Da war ich nun mit mir alleine im bayerischen Wald und den zu erwartenden bayerischen Sauen. Ich lud durch, legte mir eine Patrone zu den fünf, die im Magazin waren, als Reserve griffbereit und richtete mich auf eine längere Wartezeit ein, bis das Treiben losgehen würde. Das dauert ja gewohnheitsgemäß manchmal bis zu einer Stunde. Still war's und friedlich.

Nicht lange. Es waren gerade eben erst ein paar Minuten vergangen, da knallte es mir gegenüber weit oben am Hang recht ordentlich. Ich fuhr von meinem Sitz hoch, entsicherte, und da stürmte den Gegenhang herunter auch schon eine Rotte auf mich zu. Offenbar zwei Bachen vorneweg, dahinter ein Haufen Überläufer. Im Tal teilten sie sich, die eine Hälfte flüchtete links, die andere rechts an meinem Stand vorbei. Du lieber Himmel, wie denn, wo denn, was denn? Auf den vorletzten Überläufer links kam ich mit dem Zielfernrohr noch drauf und schoß, aber hinten vorbei und mit dem letzten ging's genauso. Vorhalten, sagte ich mir, vorhalten! Du schießt hier nicht auf stehende Rehe. Du darfst nicht aufs Blatt halten, bei dem Tempo, das die drauf haben (und das man ihnen nicht glaubt, weil sie so schwerfällig aussehen).

Schon kamen die nächsten, auch den Gegenhang herunter. Frag mich keiner, wie viele. Reichlich jedenfalls und abermals Überläufer dabei. Sie hielten sich links und waren schon halbwegs den Hang hinter mir hinauf, bis ich endlich abdrückte. Ein Schweinchen brach zusammen und blieb liegen. Jetzt galoppierte eine einzelne, ganz beachtliche Sau auf mich los, bog ab nach rechts. Ich mußte mich drehen, schwitzte schon vor Aufregung, brachte die Büchse nicht richtig in Anschlag und knallte mir beim Schuß wie ein blutiger Anfänger den Zielfernrohrrand übers Auge. Aber die Sau fiel um. Dafür schweißte ich ganz elendig, und das Blut lief mir ins rechte Auge. Da schon wieder eine Rotte anwechselte, kam ich langsam in Panik. Zum Repetieren brauchte ich beide Hände, aber eine Hand brauchte ich, um mein Auge auszuwischen und das Blut von der Stirn zu tupfen. Das Magazin war leer! Die bereitliegende Patrone hinein und – Feuer. Es ging daneben. Wo hatte ich jetzt die Schachtel mit den übrigen Patronen hingesteckt? Ich suchte in allen Taschen, fand sie endlich, zog mit tattrigen Fingern die Patronen heraus und schob sie ins Magazin hinein. Repetierte durch. Ein Blick auf die beiden Sauen beruhigte mich etwas. Sie lagen da noch.

Es gab eine kleine Verschnaufpause, und ich konnte mir einen Fetzen Papiertaschentuch auf die Wunde über dem Auge picken. Meine Lodenjacke vorne sah aus, als wäre ich abgestochen worden.

Ich redete mir gut zu. Ruhe, Mann, immer mit der Ruhe! Da liegen zwei Sauen nach zehn Minuten im ersten Treiben, mehr als du in den vergangenen zehn Jahren geschossen hast.

Nicht lange, da ging es wieder los. Diesmal kam eine Rotte von hinten, direkt am Stand vorbei, eine Sau sogar unten durch, aber weil sie mir allesamt die Pürzel zeigten, war nichts zu machen. Dafür knallte es kräftig, als diese Rotte den Hügelkamm gegenüber erreichte.

Dann hörte ich Hunde und Treiber. Eine einzelne Bache kam schräg über die Wiese. Mein erster Schuß fehlte, der zweite ließ sie hinten einbrechen und verharren. Der dritte traf sauber, und da lag die Sau Nummer drei.

Es ging noch eine Weile so weiter. Ich schoß flott ein paarmal daneben, streckte schließlich noch eine vierte Sau, und dann hatte ich meine zwölf Patronen erledigt und konnte der letzten Rotte, die mich anlief, nur mehr entspannt zuwinken.

Kurz nach dem Abblasen – das Ganze hatte vielleicht eine knappe Stunde gedauert – kamen der Wagen und mein Jäger zum Stand.

Ich war schon unten. Er fragte: »Hat's geklappt?« Ich meinte: »Also vier liegen da, da drüben, dort zwei und da oben am Hang noch eine!« Nachdem er einen wissenden Blick auf meine Schmarre geworfen hatte aber eben viel zu wissend war, um eine Bemerkung zu machen, gab er mir einen heftigen Händedruck und »Waidmannsheil!«

Ich war fix und fertig. Für den Jäger, der den Stand und die Treiben genau kannte, war meine Strecke vermutlich nicht die größte. Wenn an meiner Stelle ein erfahrener und geübter Schütze gestanden wäre, hätten da ein Dutzend Sauen liegen müssen. Aber für mich war sie groß genug. Und ich sah den nächsten Treiben weitaus gelassener entgegen.

Zunächst machten wir eine kleine Pause. Alle futterten aus ihren Frühstücksbeuteln. Außer mir. Dabei hätte ich eine Stärkung vertragen können. Es erbarmte sich dann ja auch ein freundlicher Mitjäger.

Bevor es zum nächsten Treiben ging, spürte mich der Büchsenverleiher auf. »Brauchen S' eine andere Waffe?« »Ja«, sagte ich, »ich hab' keine Patronen mehr!« Und zum zweiten Mal schaute mich einer wissend an. »Gell, ham's doch net ganz g'reicht! Hab i mir doch glei dacht!« Damit drückte er mir eine neue Büchse und drei Schachteln Patronen in die Hand. Damit war ich ja nun wohl gerüstet für jeglichen Ansturm.

Es kam aber nicht mehr so schlimm. Schlimm? Natürlich nicht. Ich war nur auf das, was mich im ersten Trieb erwartet hatte, nicht im geringsten vorbereitet gewesen. Daß einen die Sauen in Massen von allen Seiten anfallen, man mit dem Repetieren und Nachladen nicht fertig wird, sich das Stirnbein zerdeppert und in dem ganzen Durcheinander auch noch versucht, herauszufinden, warum man nicht trifft, meistens jedenfalls, das war einfach zu viel.

Beim zweiten Treiben konnte ich meinen Nachbarn beobachten, wie er brav und in aller Ruhe zwei Frischlinge streckte. Im dritten Treiben kam mir ein Überläufer im Hochwald. Er trottete auf etwa achtzig Schritt quer vorbei, mein Nachbar zur Rechten fehlte ihn. Ich hielt vor und traf. Dazugelernt.

Anschließend Mittagessen. Wunderbare heiße Suppe, Semmeln, Brot und Wurst. Kaffee zum Muntermachen und Plaudern über alles mögliche. Und ich entdeckte Querverbindungen. Die Verwandte eines Ehepaares – einige Gäste hatten ihre Frauen mitgebracht – war eine gute Freundin meiner Mutter gewesen. Einer hatte meinen Sohn auf irgendeinem Fest in Salzburg getroffen. Ein dritter, Forstmann in Schleswig-Holstein, kannte einen guten Freund von mir. Und schließlich gab es noch ein Wiedererkennen mit einem ehemaligen Kommilitonen aus meiner Münchner Studentenzeit. Die Welt kann gar nicht so klein sein.

Das letzte Treiben. Wir wurden am Rande einer Fichtendickung abgestellt. Nicht auf diesen etwas leicht erhöhten Plattformkanzeln, sondern in Schirmen, die zur Dickung hin ein Dreieck bildeten. Sie waren wohl weniger als Sichtschutz gedacht, als dafür gut, daß einen die aus der Dickung kommenden Sauen nicht umrennen konnten.

Hinter mir also Wald, vor mir ein Weg und drüben ein Verhau aus Kiefernkusseln, Gras und Buschwerk. Viel Schußfeld gab es nicht. Eigentlich nur auf dem Weg und vielleicht noch wenige Meter, bevor das Wild im hohen Bewuchs verschwunden war.

Die Treiber hinter uns in der Dickung kamen näher. Ein paar Schüsse fielen auf der anderen Seite. Ich konnte den Weg vor mir nach beiden Richtungen ganz gut überblicken, aber kein Wild weder rechts noch links beobachten. Dann waren die Treiber hinten vorbei und entfernten sich. Im Stand links neben mir, dreißig Meter entfernt etwa, war ein Jagdgast aus Österreich mit seiner Frau. Zwischen uns wieder eine rote Stange.

Auf einmal hörte ich es zwischen denen und mir in der Dickung leise knacken. Da kam etwas. Oder? Stille. Wieder Knacken, diesmal näher, aber doch etwas näher zum Nachbarstand.

Ein dunkler Wildkörper taucht am Dickungsrand auf, eine starke Sau, ein Keiler. Ich habe die Büchse schon oben, muß aber warten, bis er den Weg überfällt. Das geschieht Sekunden später, bei den Nachbarn kracht es, der Keiler ruckt etwas zusammen, macht einen Satz und nimmt im Eiltempo die Kusseln an. Ich bin gut drauf, und auf meinen Schuß hin fällt er zusammen und rührt sich nicht mehr.

Nach dem Abblasen gehen wir beide zu dem Stück. Die Untersuchung ergibt, daß der Nachbar zur Linken den Keiler am Hals gekratzt hat. Ein Schmiß, daß gerade ein paar Federn fehlen. Dennoch eindeutig. Meine Kugel sitzt in der Kammer. Der Keiler gehört dem Österreicher. Es war der einzige Keiler des Tages,

und, habe ich zu mir gesagt, dieser Keiler ist dein Keiler. Mag der andere die Waffen bekommen. Und also hast du heute sechs Sauen gestreckt.

Nun soll das bitte nicht so ausgelegt werden, als klopfte ich mir den großen Sautöter mit eigener Hand auf die Schulter. Überhaupt nicht. Es war nur für mich ein Jagdtag mit großer Anspannung und unvergeßlichen Erlebnissen gewesen und deshalb in der Erinnerung verankert.

Nach der Jagd reisten schon viele Gäste ab. Der Rest, auch ich, verbrachte noch einen gemütlichen Abend und eine schlafschwere Nacht. Nach dem Frühstück am nächsten Tag wurde ich zum Bahnhof gebracht, holte mir noch eine Zeitschrift am Kiosk und stieg in den Zug nach Braunschweig. Unterwegs stellte ich fest, daß mein Portemonnaie verschwunden war. Geklaut, vermutlich am Bahnhof, während ich am Kiosk stand. Weg, mit allen Papieren. Ausweis, Führerschein, Scheckkarte. Da kam Freude auf. Das Geld, ungefähr hundertfünfzig Mark, ließ sich noch am ehesten verschmerzen. Die fehlenden Papiere bedeuteten einen Haufen Scherereien. Polizei, Behörden, Formulare ausfüllen.

Doch nach vierzehn Tagen kam ein Schreiben der Bahnpolizei aus München. Dort läge meine Geldbörse, und ich könnte sie nach Zusendung von zehn Mark zurückerhalten. Es waren dann alle Papiere, der Ersatzschlüssel für mein Auto und die Steuermarke für meinen Hund vollzählig vorhanden. Nur das Geld war weg. Schwein gehabt!

Nicht lang fackeln

Da gab es so einen bewaldeten Buckel im Staatsforst, rundum von Feldern belagert, ein Naturwaldreservat, in dem ich seit Jahren jeden Sommer einen Bock frei hatte. Der zuständige Revierbeamte war ein Freund von mir und ließ mir freies Laufen und freie Büchse. Früher waren es Böcke der Klasse zwei gewesen, später dann rutschte ich in die Klasse eins hinauf. Trotzdem erlegte ich fast immer irgendwelche Krummen, Zurückgesetzten oder Unregelmäßigen. Wirklich gute Böcke waren selten und wurden natürlich von den Pächtern der umliegenden Feldmark erlegt, sobald sie den Kopf aus dem Wald steckten, um auszuwechseln.

Drinnen gab es nur drei brauchbare Leitern und eine altersschwache Kanzel. Im übrigen mußte man pirschen oder sich auf einen Stubben hocken. Und auch hier im Braunschweigischen war der Rehabschuß erhöht worden.

Ich mochte diesen Hügel und das Jagen dort. Er lag recht einsam, Joggern und anderen Unruhestiftern begegnete man selten. Nur Radrennfahrer trainierten auf der Straße, die mitten durch den Wald führte, aber an die hatten sich die Rehe längst gewöhnt. Man konnte nach einem Tag im Büro so richtig den Dampf ablassen, den Amseln, Drosseln und Rotkehlchen zuhören und der Dinge, die da kommen sollten, in Frieden harren.

Sehr oft kam gar nichts, aber mit Geduld und Ausdauer fand ich dann doch meist den Bock, der paßte. In den letzten beiden Jahren allerdings hatte ich kein Glück. Gleich zu Anfang der Bockjagd wollte ich nur einmal einen bewaffneten Spaziergang am hellichten Tage unternehmen, einfach, um zu sehen, ob ich etwas sehen würde. Meine Frau kam auch mit, und wir spazierten wie zwei Sonntagsausflügler durch den Wald. Plötzlich sah ich einen rötlichen Fleck, schaute durch mein Glas, und da bearbeitete ein gar nicht schlechter und sicher auch nicht allzu junger Bock wie wild ein Gestrüpp mit seinen Stangen. Ich hätte am nächsten Baum anstreichen und ihn erlegen können. Aber gleich beim ersten Mal? Es lag ja noch der ganze Sommer vor mir. Wir schauten ihm noch eine Weile zu und gingen dann weiter, wobei der Bock uns mitbekam und schließlich absprang.

Ein paar Tage später traf ich Kalle, den Revierbeamten, und erzählte ihm von dem Bock und daß ich es eben nicht gerne beim allerersten Mal schon knallen ließ. Daraufhin schaute er mich so von unten herauf an und meinte: »Na hättste mal lieber! Wir haben hier nicht mehr so viel Rehwild wie früher.«

Das merkte ich dann auch schnell. Ich sah, so oft ich auch draußen war, keinen Bock mehr, außer einmal einen gut veranlagten Jährling und irgendwann etwas, das zwischen den Lauschern Stangen trug, aber dreihundert Meter weit weg.

Andere Erlebnisse, während ich ansaß oder pirschte, entschädigten wenigstens zeitweise für die nicht vorhandenen Rehe.

Die altersschwache Kanzel, bei der ich nie sicher war, ob sie mich noch aushalten würde und vorsichtshalber jedes Mal zunächst ohne die Büchse auf der Schulter hinaufkletterte, ihr Gebälk ein wenig rüttelte und auf Standfestigkeit prüfte, stand mitten im Wald. Drei alte, verwachsene Gestelle liefen auf sie zu. Auf dem mittleren trabte eines Abends, bei hellem Licht noch, eine Dachsfähe daher, direkt zu mir, schnaufend und prustend, völlig unbekümmert und arglos. Sie passierte die Kanzel unmittelbar linkerhand und verschwand im Unterholz.

Vielleicht zehn Minuten später kam genau auf ihrer Fährte ein kleiner, draller Jungdachs das Gestell herunter und wechselte ebenfalls ins Unterholz hinein. Na, dachte ich bei mir, die Mama wird das aber gar nicht gerne haben, daß ihr Sprößling da so alleine herumstrolcht. Er war ja noch arg klein und hatte bestimmt noch keine Ahnung, was alles an Bösem in so einem Wald auf ihn lauern konnte.

Es dauerte auch nicht lange, da kraschpelte es hinter mir, und Dachs junior kam wieder zurück und machte mit Tempo, daß er das Gestell wieder hinauf und zurück zu seinem Bau kam. Aber mit was für einem Gesicht! Sag nur keiner, ein Dachs könnte kein Gesicht machen, auch wenn er eine Maske trägt. Er ließ buchstäblich die kurzen Ohren hängen, kniff die Augen zusammen und miefte leise vor sich hin.

Ich konnte mir lebhaft vorstellen, wie er vielleicht hundert Meter hinter mir auf die Alte gestoßen war. Die hatte sich dann umgedreht, ihn angeblafft und ihm mit der Pranke eine über die Rübe gezogen, was soviel hieß wie: mach, daß du nach Hause kommst! Genau das konnte ich dem Bürschchen ansehen.

Und mitten in der Blattzeit brachte mich ein guter Jährling – ja eben der, der einzige Bock, der mir in dieser Saison in die Nähe kam – zum lautlosen Lachen. Er stromerte durch den Hochwald, und so sorglos, wie er sich benahm, konnte überhaupt kein stärkerer Artgenosse in der Umgebung seinen Einstand oder seinen Wechsel haben.

Der Jährling äste hier und da, machte mit seinen Zukunftsstangen ein paar dünne Bäumchen rindenlos und plätzte, daß das Laub flog. Auf einmal entdeckte er einen ernsthaften Gegner. Das war nichts anderes, als ein armdicker, halbmeterlanger abgebrochener Ast, der sich an einem unteren Buchenzweig verfangen hatte und dort baumelte, etwa in Lauscherhöhe eines Rehes mit erhobenem Haupt.

Auf den ging er nun los, und ich wußte schon im voraus, was passieren würde. Das Böckchen nahm den Ast an, und weil der so schön hin- und herschwang bei der Attacke, kam der Jährling erst so richtig in Rage. Da löste sich der Ast vom Buchenzweig und knallte dem Bock genau ins Kreuz. Der sprang mit krummem Rücken zwei Meter hoch senkrecht in die Luft vor Schreck und stürmte dann mit zurückgelegten Lauschern auf und davon, als wäre der Leibhaftige hinter ihm her.

Es wird ja nie langweilig da draußen. Man muß nur die Augen und die Ohren offenhalten, auch die Nase sogar, wenngleich mit unserem Riechorgan nicht mehr allzuviel los ist. Aber daß da vor nicht langer Zeit ein Fuchs seine Marke gesetzt hat, kann sie einem doch noch mitteilen.

Sicher, es gibt Stunden im Wald, da habe ich mich auch schon gefragt, ob ich denn alleine auf der Welt bin. Da rührt sich aber schon überhaupt nichts, kein Mucks, kein Laut, keine Feder- oder Haarspitze läßt sich blicken.

Na gut, der Sommer ging vorbei und ich leer aus. Ich hatte noch nicht einmal die kleinste Chance gehabt, einen Schuß loszuwerden und schwor mir, das passiert dir nicht wieder. Im nächsten Jahr, falls du hier wieder jagen darfst, da fackelst du nicht lange. Der erste Bock, der richtig ist, den trifft's. Und sei es am

16. Mai um 0:01 Uhr. Genau das schwor ich mir im stillen. Das nächste Jahr kam und der nächste Mai, und ich durfte wieder. Ich durfte wieder auf meinen geliebten und schon längst vertrauten Waldbuckel. Und hatte einen Bock der Klasse eins frei.

Im Mai klappte es nicht. Entweder war meine Zeit zu knapp, oder es goß in Strömen, oder der Sturm pfiff. Einmal konnte ich hinaus, nur um festzustellen, daß ich vergessen hatte, die Munition aus dem Schrank zu nehmen. Da saß ich dann auf der Leiter und fluchte in mich hinein. Vielleicht ließ sich wenigstens ein Bock ausmachen. Zum Glück kam aber nichts, sonst hätte ich vermutlich vor Wut in die Auflage gebissen. Anfang Juni blieb das Wetter unverändert miserabel, das Wild verkroch sich in den Dickungen, die Rehe standen zumeist in den Kornfeldern im Feindlichen.

Endlich dann wurde es freundlicher und trocken. Die Ernte begann, auf den Feldern wurde es unruhig, die Rehe verzogen sich in den Wald. Darauf hatte ich gewartet. Und auf das Nahen der Blattzeit.

Genau zu diesem Zeitpunkt nistete sich in meinem Hinterkopf die Vorstellung ein, ich bräuchte eine neue Büchse. Dazu sollte man wissen, daß die, mit der ich bisher auf Rehe gejagt hatte, fünfunddreißig Jahre alt war, gebraucht gekauft auch schon seinerzeit. Und ich war mir ihrer Treffsicherheit schon länger nicht mehr so ganz sicher. Zwar war diese 6,5 x 57 einer Generalüberholung beim Büchsenmacher zumindest äußerlich wie neu entsprungen, aber danach hatte ich irgendwann doch wieder vorbeigeschossen, was nicht hätte sein dürfen, weil's keinen Grund dafür gab. Konnte ja sein, daß sie wirklich altersschwach wurde.

Kurz entschlossen gab ich sie in Zahlung und erstand eine Büchse Kaliber 8 x 64, die den Vorteil hatte, daß ich sie auch auf Rotwild und Sauen führen konnte. Ich schoß sie ein, sie schien mir gut zu liegen, und ich brauchte keinen Bammel mehr zu haben vor Fehlschüssen.

So um Mitte Juni herum machte ich mich also wieder einmal frohen Mutes auf den Weg ins Revier. Mit meiner neuen Büchse. Es war ein wunderbarer, milder Sommerabend, kaum Wind und keine Wolke am Himmel. Das Auto stellte ich am Straßenrand oben auf dem Buckel ab, ließ meine Hündin bei gekipptem Dachfenster zur Bewachung darin und holte meine Ausrüstung aus dem Kofferraum. Alles dabei, diesmal. Auch die Munition.

Ein bißchen Spray gegen die Mücken auf die Waden und die Hände, einmal übers Gesicht gewischt, und dann pirschte ich einen sich schlängelnden Pfad die zweihundert Meter bis zu der Leiter, die ich mir für diesen Abend auserkoren hatte. Sie stand mitten unter hohen Bäumen und bot freien Blick rundum. Wenn heute hier nichts kommen sollte, dann gab es tatsächlich keine Rehe mehr. Dann waren sie ausgewandert, im letzten Winter verhungert oder eben alle totgeschossen.

Der Waldboden war trocken. Das Rascheln der Mäuse konnte ich noch auf fünfzig Meter hören. Und überhaupt ließ sich jeder Laut weit umher vernehmen, selbst das Gackern der Hühner weitab im nächsten Dorf. Vor mir stieg das Gelände leicht an, hinter mir fiel es ab zu den Feldern hin. Oben gab es eine Art Dickung, die eigentlich keine war. Aber dort lag ein Streifen wirren Gestrüpps, ein Ast- und Stangenverhau, der jahrelang nicht durchgeräumt worden war. Um mich herum bestand ja das Naturwaldreservat, in dem alles wachsen und fallen und sich entwickeln durfte, wie die Natur es vorgab. In dieser Wildnis da oben hielt sich Wild gerne auf, das wußte ich. Also richtete sich meine Aufmerksamkeit auch in erster Linie auf deren Randzone. Ab und zu drehte ich mich aber auch um, damit ich nicht von hinten überrascht werden konnte.

Nach etwa einer Stunde hörte ich im Dickungsbereich etwas anwechseln. Für einen Hasen war's zu laut, für eine Sau zu leise. Also Rehwild vermutlich. Und dann der Schatten einer Bewegung am Dickungsrand, und ein Bock stand da. Ich nahm das Glas. Es war ein Gabler, dessen Stangen recht gleichmäßig ausgebildet waren. Zwischen fünfzehn und zwanzig Zentimeter hoch, schätzte ich (siebzehn waren es dann genau).

Sein Alter? Jedenfalls kein Jährling und kein Zweijähriger auch nicht. Auf alle Fälle ein Abschußbock. Was hatte ich mir geschworen? Du fackelst in diesem Jahr nicht lange! Er stand dann breit dort oben auf rund sechzig Meter in einem Waldgrashorst, ich hatte gute Auflage, kam etwas hochblatt ab und schoß, worauf er auf der Stelle zusammenbrach. Und nach einer Minute vorne wieder hochkam.

Auf die Vorderläufe sich stützend, drehte er sich. Zum Teufel nochmal, sollte er einen Krellschuß haben? Das war doch gar nicht möglich mit der neuen, gut eingeschossenen Büchse und dem sechsfachen Zielfernrohr auf diese Distanz! Natürlich repetierte ich sofort durch, und als er endlich mit dem Drehen aufhörte und mir für kurze Zeit seinen hochgestemmten Vorderkörper zeigte – der hintere Körperteil war im Gras verdeckt –, schoß ich noch einmal aufs Blatt. Daraufhin bewegte sich dort nichts mehr.

Welchen Mist hatte ich da gebaut? Taugte die Büchse nichts, die neue? Ich ließ noch zwanzig Minuten ziemlich unruhig verstreichen und ging dann hinauf. Der Bock war verendet. Sofort entdeckte ich den Einschuß hochblatt und auf der anderen Seite den Ausschuß. Der schien mir zwar etwas groß, aber wahrscheinlich traf die Kugel irgendeinen Knochen. Aber wo saß der erste Schuß? Oder der zweite? Beide Male war ich hochblatt abgekommen. Anzeichen eines Krellschusses gab es nicht.

Dann drehte ich den Bock um – und machte wahrscheinlich ein äußerst dummes Gesicht. Da war ein Einschuß an der linken Hinterkeule neben dem Waidloch! Beim Aufbrechen stellte ich fest, daß von diesem Punkt aus der Schußkanal längs durch den Wildkörper verlief, das Geschoß den Pansen verletzt hatte, die Wirbelsäule von unten gefaßt und genau an der Stelle ausgetreten war, wo sich auch der Ausschuß des anderen Schusses befand.

Es gab nur eine einzige Lösung für den Ablauf dieser mir bis dahin rätselhaften Erlegung: Der Bock mußte sich im Augenblick des ersten Schusses von mir weggedreht haben, die Kugel faßte ihn daher hinten und verursachte tatsächlich eine Krellung, aber unten an der Wirbelsäule eben, was eine Lähmung des hinteren Wildkörpers verursachte. Der Fangschuß saß genau dort, wo ich auch abgekommen war.

Was mir diesen nicht gerade wünschenswerten Vorgang etwas angenehmer erscheinen ließ, war die Tatsache, daß meine neue Büchse offenbar exakt eingeschossen war.

Gut, nun hatte ich meinen ›nicht lange fackeln‹-Bock und fuhr zu Kalle, um Bericht zu erstatten. Auch er schloß sich meiner Auslegung des Geschehens an, ganz einfach, weil der Fangschuß auf das halb sitzende Tier unmöglich an der Keule hinein und oben, über dem Blatt wieder hinaus gegangen sein konnte – um die Ecke.

Beim Abschied dann meinte Kalle, ich könnte ruhig noch weiter sein Revier verunsichern, vielleicht würde ich noch einen Knopfbock aufspüren oder auch einen ganz miserablen Kümmerer. Das nahm ich dankbar entgegen und kletterte auch ein paar Tage später auf eine andere Leiter. Die Blattzeit machte sich inzwischen bemerkbar, die Böcke suchten und zogen. Jedenfalls bestätigten mir das andere Jagdgenossen aus anderen Revieren.

Ich saß erst zehn Minuten, als ich schräg hinter mir raschelndes Laub wahrnahm, mich vorsichtig ein wenig herumdrehte und die Hand vor die Augen halten mußte, damit sie mir nicht herausfielen. Da kam zügig ein Bock auf meinen Sitz zu, ein ganz sicher über vierjähriger, mit einem nicht ganz regelmäßigen, aber um so höheren Stangenpaar zwischen den Ohren – Verzeihung – Lauschern, wie ich einen solchen hier noch nie gesehen hatte. Als er auf fünfzehn Meter neben mir stand, verhoffte er in aller Seelenruhe, kratzte sich am Äser, schnappte sich ein paar Brombeerblätter und mampfte sie in sich hinein. Ich sah das alles mit bloßen Augen, die Büchse hing am Nagel neben mir, und ich beschloß in diesen Sekunden, die Sache mit dem ›nicht lange fackeln‹ in Zukunft noch einmal gründlich zu überdenken.

Im übrigen hörte ich ein paar Tage später, daß auf der Straße durch den Wald ein kapitaler Bock überfahren worden war. Als ich mir bei Gelegenheit sein Geweih ansah, gab es gar keinen Zweifel, daß es sich um den Bock handelte, der sich mir da aus nächster Nähe dargeboten hatte. Ich konnte ja alle Einzelheiten seiner Stangen deutlich vom Hochsitz aus erkennen. Schade um ihn.

Huhn mit Wurm

Auf der Heimfahrt von den Sommerferien machte ich bei Peter Station. Er hatte in der Nähe von Nürnberg ein Revier, wo es damals noch gut Rebhühner gab, und wir hatten uns vorgenommen, zwei Tage der Hühnerjagd zu widmen.

Am Abend stieß noch Max zu uns, Peters Freund, mit seinem Deutsch-Drahthaar Rüden Satan. So sah er auch aus. Fast schwarz mit struppigem Haar und einem teuflischen Glimmen in den Augen. Aber es sollte der beste Hund aller Zeiten sein, der eine Kette Hühner über einen halben Kilometer in den Windfang bekam und dann auch noch fest vorstand.

Zum Abendbrot gab es Hasenrücken, von Peter eigenhändig zubereitet, Rotkohl und Knödel. Und reichlich Rotwein. Die jagdlichen Vorkommnisse der vergangenen Monate wurden reihum berichtet, wobei ich nicht viel vorweisen konnte, Peter dafür um so mehr. Seine Geschichten waren ausgefüllt mit ›Bautz‹ und ›Bumm-Bumm‹, immer dann, wenn er etwas geschossen hatte. Ich wußte, daß er ein guter Schütze war, mit der Büchse aber auch mit der Flinte. Beim Tontaubenschießen hatte er sogar vor ein paar Jahren irgendeine Meisterschaft gewonnen. In unsere Betten kamen wir erst reichlich spät.

Der Morgen holte uns bei einem strahlenden Septembertag aus den Federn, und nach einem reichlichen Frühstück verstauten wir unsere Sachen im Wagen, ließen Satan hinten hinein und fuhren ins Revier. Es würde warm werden.

Weit und wellig erstreckten sich die Felder. Handtuchwirtschaft war das damals noch, kleine Schläge mit den verschiedenen Feldfrüchten wechselten sich ab, liefen nebeneinander her, als hätte jemand einen Fleckerlteppich auf die Erde ausgebreitet. Dazwischen Hecken und Haine, aus den Dörfern am Horizont reckten die Kirchen ihre spitzen, bunt verzierten Türme in den blauen, wolkenlosen Himmel. Wunderschön die Landschaft und ein Traum, in ihr einige Stunden mit Freunden umherzustreifen und jagen zu können, alle Sinne angespannt auf die Natur gerichtet. Heute ist dort alles anders. Der Fleckerlteppich ist zu einer mehr oder weniger monotonen Agrarsteppe geworden, die Hecken sind verschwunden, und man kann eine Woche herumlaufen, ohne auf ein einziges Rebhuhn zu stoßen.

Damals aber waren wir kaum zehn Minuten unterwegs, zogen mit weiten Abständen zwischen uns über die Felder, als Satan schon vorstand. Peter war am nächsten dran. Als er näher kam, burrte eine Kette davon, und er schoß eine saubere Doublette. Für mich waren die Hühner viel zu weit gewesen und für Max auch.

In der nächsten Stunde kam Peter immer wieder zu Schuß, war aber auch derart schnell, daß uns beiden anderen nicht die geringste Chance blieb. Bevor wir noch unsere Flinten an den Backen hatten, war sein Bumm-Bumm schon verhallt. Und an seinem Galgen baumelten die Hühner.

Schließlich meinte der Max zu Peter, wir wüßten jetzt, wie's ging, und daß er schießen und treffen konnte, wie kaum einer. Aber, nichts für ungut, vielleicht könnte er ja einmal für eine Weile die Flinte auf dem Buckel lassen, damit wir wenigstens den Versuch wagen dürften, zu beweisen, daß wir so schlecht auch nicht wären.

Peter tat's – und Max und ich kamen dann schließlich auch noch zu ein paar Hühnern und schossen ja auch wirklich nicht so schlecht. Nur halt nicht so schnell. Und Satan machte seine Sache hervorragend. Unermüdlich suchte er die Felder ab, schön voraus, aber nicht zu weit. Wenn er etwas in die Nase bekam, riß es ihn herum, und er stand wie aus Eisen. Und war einmal ein Huhn geflügelt oder geständert, dann fegte er mit tiefer Nase hinterher und apportierte es mit weichem Maul. Es war ein Vergnügen, dem Hund zuzusehen.

Da mußte ich an so manche Hunde denken, die ich auf Jagden erlebt hatte, besonders auf dörflichen. Nur ein paar Mal im Jahr, eben wenn es zur Jagd ging, vom Zwingerleben befreit, rasten sie wie die Verrückten über das Gelände, hörten auf nichts, jagten Hühner und Hasen und was immer ihnen zufällig in die Quere kam viel zu weit vor den Schützen auf und waren in kurzer Zeit halbtot von der Herumhetzerei. Brauchbar waren sie nicht.

Als wir in die Nähe eines Dorfes kamen, sagte Peter: »Laßt uns Mittagspause machen und die Hühner ins Kühle bringen. Der Hund braucht Wasser, und wir brauchen ein Bier!« Das war ein Vorschlag, den wir bedenkenlos akzeptierten. Unser Auto stand weit entfernt. Hunger hatten wir auch, und bevor wir am Nachmittag in weitem Bogen jagend noch zum Auto gelangen würden, war eine Rast und eine Stärkung das einzig richtige.

Peter wußte einen schattigen Wirtshausgarten, wo die Tische unter alten Kastanienbäumen standen. Der Wirt begrüßte ihn wie einen guten Bekannten, der er vermutlich auch war. Es gab kaum andere Gäste, und wir konnten uns einen Tisch aussuchen.

Kaum saßen wir – die Hühner hatte Peter dem Wirt anvertraut – kam die Kellnerin, ein hübsches, junges Ding, um zu fragen, »was darf's denn sein?« Wir bestellten drei Bier im Krug und schauten dann in die Speisekarten. Ich fand mein Leibgericht: Leberknödelsuppe. Und dann stutzte ich. Dieser Wirtshausgarten, die Kellnerin, die Leberknödel, das erinnerte mich doch an irgendeine Geschichte? Ich war noch am Grübeln, als eine Katze aus der Haustüre kam, eine dicke, schwarzweiße und mit aufgestelltem Schweif und schnurrend zu uns herschnürte. Gleich darauf fing über uns im Baum eine Amsel an zu zetern. Und jetzt fiel der Groschen bei mir.

»Soll ich euch eine Geschichte erzählen«, fragte ich, »eine, an die ich mich gerade erinnert habe, weil das hier alles fast so ist, wie vor ungefähr fünfzehn Jahren am Ammersee in Bayern? Der Garten und – na alles eben.«

»Schieß los«, sagte Peter und Max nickte. »Solang's uns nicht beim Trinken stört!«

Also begann ich mit meiner Geschichte.

›Ich beringte als junger Student Vögel, die ich in Netzen fing, für die Vogelwarte, und zwar im Gebiet um den Ammersee. Meist war ich den ganzen Tag draußen an den Wochenenden und dann am Abend hungrig und müde. Viel Geld hatte ich nicht. Aber in der Wirtschaft am Seeufer bekam man eine Leberknödelsuppe, die kaum etwas kostete, und von der man einigermaßen satt werden konnte.

Einen heißen und langen Tag war ich am Schilfrand und in der Weidenzone des Ammerseeufers gewesen, hatte so an die einhundert Vögel beringt, die am Ufer entlang zur Zugzeit nach Süden wanderten und dabei in meine Netze gingen. Dann packte ich Netze und das Beringungswerkzeug zusammen und strebte durstig und hungrig der Gastwirtschaft zu.

Es lockten mich dort nicht nur das Bier und die Knödel, auch die fesche Kellnerin war ein höchst erfreulicher Anblick und zur Abwechslung etwas anderes, als Laubsänger und Grasmücken. Die Vroni war einfach bildsauber, trug ihr Dirndl kurz und den üppigen Busen im Mieder. Stellte sie einem beim Servieren das Essen auf den Tisch, bekam man einen freizügigen Blick auf eine bayerische Voralpenlandschaft.

Ich setzte mich an einen Tisch im Schatten der alten, weit ausladenden Kastanien, streckte meine müden Beine aus, und nachdem Vroni wippend und fröhlich lachend herbeigekommen war, um mich zu begrüßen, bestellte ich ein Bier und eine Leberknödelsuppe. Mein Etat ließ es nicht zu, daß ich mir eine Kalbshaxe mit Kraut und Semmelknödeln bestellt hätte, wie sie gerade am Nachbartisch verzehrt wurde.

Dort hockten zwei urige Typen aus der Gegend und bearbeiteten ihre Haxen mit Messer, Gabel und Zähnen, als hätten sie Wochen nichts zu essen bekommen.

Aber auch die Leberknödel hatten es in diesem Wirtshaus in sich. Das waren nicht so kleine Schusser, die sich in der Suppentasse versteckten, sie wölbten sich prall mit ihrer oberen Hälfte heraus, zwei an der Zahl, und gestatteten durchaus gewisse Vergleiche.

Vroni brachte das Bier und kurz darauf die Suppe mit den dampfenden Knödeln. Nach einem langen Schluck aus dem Glas machte ich mich ans Zerteilen der duftenden Kugeln und verspeiste mit Genuß die erste warme Mahlzeit des Tages.

Plötzlich entdeckte ich etwas in meiner Brühe, das mit dem Rund der Knödel nicht übereinstimmte. Es war ein Wurm. Genauer gesagt ein Regenwurm. Etwa zehn Zentimeter lang, rosa und tot.

Da ich nicht zu denjenigen gehöre, die beim Anblick eines mitgekochten Getiers in der Speise hysterische Anfälle bekommen, wollte ich den Wurm schon diskret beiseite räumen, als mir eine bessere Idee kam. Warum sollte ich nicht, nachdem die Hälfte der Suppe in meinem Magen war, mit Hilfe des Wurms als Zeu-

gen eine neue, wurmlose Suppe bestellen? Dann hätte ich ein-einhalb Portionen und würde köstlich gesättigt sein.

Eine ganz kleine, durchaus noch im Bereich eines freundlichen Hinweises liegende Beschwerde in der Küche konnte auch nichts schaden. Vielleicht würden sie dann besser aufpassen, und den Knödelteig nicht unmittelbar neben dem Salat zubereiten. Denn, dachte ich, nur aus dem Salat konnte der Wurm zum Knödel gekrochen sein.

Ich winkte der Vroni, als sie wieder maßkrugbeladen um die Ecke kam. »Bringst mir schon eine andere Suppe«, sagte ich zu ihr, »denn, schau her, in der da ist ein Wurm drin.« »Ein was?« »Ein Wurm, ein Regenwurm!«

»Mei«, sagte die Vroni, »des gibt's doch gar nicht. Ist's nicht vielleicht ein Haar?«

»Nein«, sagte ich, »ein Haar ist erstens nicht so dick, zweitens nicht so rosig und drittens ist das ein Wurm. Schau halt her, da liegt er doch!«

Die Vroni beugte sich über meinen Teller, zeigte mir einmal mehr ihre schönen Seiten und verschwand dann errötend in die Küche, um alsbald hinter dem Koch mit weißer Schürze wieder aufzu-tauchen. Jetzt beäugte dieser den Wurm, murmelte Unver-ständliches zunächst und erleichterte sich dann mit einem un-überhörbaren: »Ja Kreizkruzifix, des gibt's doch gar net!«

»Bring dem jungen Herrn a andere Suppe«, rief er Vroni zu, »aber g'schwind!«, und zu mir »müssen S' schon entschuldigen, gell, da weiß ich auch nicht, wie der Wurm da in Ihre Suppe gekommen ist, wir sind ein ordentliches Haus, aber wir sind halt auf dem Land, wissen S'!«

Ich wußte es. Schon kam die frische Suppe, und dann war ich satt.

Ich döste ein wenig vor mich hin, hörte mit halbem Ohr auf das Gespräch am Nachbartisch. Da ging es um Holz und Holzhan-del. Vielleicht waren die beiden Holzfäller und hatten deshalb einen solchen Heißhunger gehabt.

Nachdem Vroni den Teller abgeräumt hatte, bestellte ich noch ein zweites Bier und wollte eben den Krug am Henkel fassen, da machte es ›patsch‹ auf dem Tisch, und ein Wurm kringelte sich ein paar Zentimeter neben dem Krug, rund und rosig und etwa zehn Zentimeter lang.

Teufel aber auch! Seit wann fielen in Bayern die Regenwürmer vom Himmel? Ich schaute nach oben, und da war ein Amselnest in einem Astquirl direkt über mir. Gerade fütterte die Amselmutter ihre Jungen. Mit Regenwürmern. Den ganzen Schnabel hatte sie voll. Ab und zu kam ihr wohl einer aus, der dann herunterfiel. Auf den Tisch. Oder in die Suppe.

Ob ihr es glaubt oder nicht, ich habe nach diesem Erlebnis oft einen Regenwurm gesucht und in einer Streichholzschachtel mitgenommen, bevor ich in ein Wirtshaus einkehrte, um eine Leberknödelsuppe zu essen. Und hab' dann immer zwei Portionen bekommen‹.

»Daß du ein Gauner bist«, sagte Peter, »das weiß ich schon lange, aber daß du ein großer Gauner bist, das weiß ich erst jetzt«.

Max stocherte mit dem Löffel in seinem Suppenteller und untersuchte offenbar sehr genau dessen Inhalt. Er war ein bißchen blaß um die Nase und konnte die Vorstellung, einen Regenwurm zwischen den Nudeln zu finden, nicht gut verkraften. Da war er ja auch schwerer zu finden als neben einem Knödel.

Ich beruhigte ihn damit, daß ich meinte, die Brutzeit wäre jetzt im September längst vorbei, es bestünde keinerlei Gefahr, daß eine Amsel oder ein anderer Vogel noch Würmer über unseren Köpfen transportierte, aber so richtig mit Appetit konnte er doch nicht mehr zu Ende essen, der Arme.

Wir zahlten dann, holten unsere Hühner aus der Kühlkammer und brachen auf.

Der Nachmittag brachte noch einmal jagdliches Erleben, jeder von uns kam noch zu Schuß, und die Galgen an unseren Jagdtaschen waren reichlich bestückt, als wir zum Auto kamen. Müde wie ein Hund, und Satan müde wie wir, falteten wir uns in den Volkswagen von Peter und fuhren nach Hause.

Aber dann hieß es nicht, ab in die Sessel und Beine lang, es hieß ab in die Küche, die Hühner rupfen und herrichten. Das mit Speck Umwickeln und Braten, übernahm allerdings Peter. Da ließ er keinen anderen ran.

Sie schmeckten gar köstlich, und selbst Max hatte seinen Wurmkoller vergessen. Satan bekam die knöchernen Reste, knackte sie weg wie nichts und wedelte vor Begeisterung mit seinem Stummelschwanz. Wir sanken am späten Abend alle glücklich und satt in die Betten, und ich träumte von Vroni und einem Huhn mit Wurm.

Nachsuche

Irgend etwas weckte mich aus dem Schlaf. Ich blinzelte unter der Decke heraus auf die Uhr. Es war sechs, fast auf die Minute genau. Dann schielte ich traumdösig etwas höher und entdeckte den Kopf meines Sohnes in der Tür.

»Hast Du was«, fragte ich verschlafen. Er hatte nämlich am Abend vorher gemeint, er wolle in der Früh noch einmal sein Glück versuchen. Auf einen Bock. Und angezogen, wie er da stand, schien er nicht gerade eben aus dem Bett gekommen zu sein.

Seit drei Tagen versuchten wir im fränkischen Revier unseres Freundes Fritz etwas zur Strecke zu bringen, ohne Erfolg bislang. Es war Ende Mai und noch kein Bock gefallen, aber wir fanden einfach nichts.

Was war das früher, vor fünfzehn, zwanzig Jahren, für eine rehreiche Jagd gewesen! Beim Pirschen am Morgen sah man Rehe überall, konnte sich, gerade zu Anfang der Bockjagd, die schlecht Veranlagten in Ruhe heraussuchen. Aber da standen neben sehr guten Jährlingen auch prachtvolle ältere Burschen. Und Ricken. Und Schmalrehe. Alles halt. Wald und Busch und Hecken gab es übrigens auch.

Dann sollten diese Rehe plötzlich dem Wald ans Leder gehen oder besser an die Triebe, das Abschußsoll wurde, von oben verordnet, in schwindelnde Höhe geschraubt. Es dauerte nicht lange, und – in Zusammenwirkung von eingattern großer Waldgebiete, roden der Hecken und kleinen Feldgehölze, Ausbau der sandigen, geschwungenen Feldwege zu asphaltierten Rennstrecken – es gab kaum mehr Rehe.

Es war Sonntag, wir wollten nach dem Frühstück zurück nach Braunschweig fahren, fünf oder sechs Stunden immerhin. Ich hatte keine Lust unausgeschlafen auf diese Fahrt zu gehen und beschloß daher, auf die letzte mögliche Frühpirsch zu verzichten. Als ich so alt war wie mein Sohn jetzt, wäre das nicht der

Fall gewesen. Jetzt hätte ich mich gerne nochmal umgedreht. Auf meine »hast du was« Frage kam zunächst einmal ein unverständliches Gebrummel. Vielleicht lag's auch daran, daß in meinen Ohren noch der Rotwein vom Abend vorher säuselte. Aber als Julian dann sagte »ich glaube schon«, wurde ich wacher.

»Was heißt ich glaube?«

»Na ja, ich hab auf einen Bock geschossen, der ist auch erst umgefallen, aber dann kam er wieder hoch und ist in den Wald hinein.«

Das klang zunächst einmal nach einem Krellschuß, und während ich meine Beine unter der Bettdecke herausschwang, ließ ich mir berichten, wie, wo und was.

Er hatte von einer kleinen Leiter aus geschossen, schräg hoch über einen Kartoffelacker und eine Wiese vor dem gegenüberliegenden Waldrand. Der Bock war dort ausgetreten, um halb sechs etwa, stand breit, vielleicht auf siebzig, achtzig Meter. Eigentlich keine kritische Sache. Auf den Schuß hin war der Bock blitzartig zusammengefallen, aber eben nach ein paar Minuten wieder hochgeworden und durch die Randhecke in den Wald ›gewankt‹, so Julian.

Also, wir mußten raus und der Geschichte auf den Grund gehen. Wir beschlossen, Fritz zunächst einmal schlafen zu lassen. Immerhin war es Sonntag, und da er eine große Brauerei und sonst noch einiges am Hals hatte, brauchte er auch seine Ruhe.

»Wir schauen erst einmal nach«, sagte ich, und »wir nehmen Kati mit.« Kati war meine zweijährige Kleine Münsterländer Hündin. Ein süßes Stück Hund. Jagdlich passioniert bis zum Geht-nicht-mehr, nur leider ziemlich unausgelastet, weil es in der Braunschweiger Gegend kaum mehr Niederwild gab. Nur Kaninchen in Massen, die sie brav vorstand und dementsprechend gut kannte. Ein paar Hasen auch. Das war's aber schon fast. Rehe hatte Kati bislang nur von Weitem gesehen und mit Schweiß überhaupt keine Bekanntschaft gemacht. Aber ich brauchte ihr nichts beizubringen, sie konnte alles zu seiner Zeit von alleine: vorstehen, apportieren, einen Busch umschlagen, in dem etwas hockte, und mir gegenüber vorstehen. Das ist eine Eigenart der Kleinen Münsterländer und war mir neu gewesen, bis ich darüber nachlas. Gar nicht so dumm, dieses Umschlagen. Wenn der Hund dann auf einen Befehl zuspringt, kommt das, was da im Busch sitzt genau auf des Jägers Seite heraus.

Ich kam in meine Jägerkleidung, und wir stiegen ins Auto. Ab ins Revier. Den Anschuß hatte Julian verbrochen. Da war aber nichts. Kein Schweiß, ein wenig niedergedrücktes Gras. Kati hatte ich an der Leine. Sie suchte herum, zog dann an, die Nase am Boden, Richtung Waldrand.

»Durch die Schluppe in der Hecke ist der Bock in den Wald«, sagte Julian. Und durch diese Schluppe führte mich Kati. So genau wir auch suchten, Schweiß fanden wir nicht. Im Hochwald war es licht, wenig Unterwuchs, man konnte das Gelände ganz gut übersehen. Meine Augen suchten den Boden rundum ab in der Hoffnung, den Bock verendet liegen zu sehen.

Kati verhielt sich sehr ruhig, ganz im Gegensatz zu ihrem sonst eher feurigen Temperament, wenn es galt, Kaninchen zu finden und hinterher zu hatzen, bis sie im Bau verschwanden. Ganz langsam ging sie, Schritt für Schritt, Pfote vor Pfote, immer einer offenbar unsichtbaren Spur folgend. Und dann, wir waren inzwischen etwa fünfzig Meter im Wald drinnen, blieb sie stehen und stupste mit der Nase auf den Boden. Schweiß! Zwei kleine Tröpfchen auf einem Buchenblatt. Ich staunte wirklich und vergaß fast für einen Augenblick den Bock, wegen dem wir hier herumkrochen. Meine kleine Hündin hatte mir Schweiß gezeigt wie nach dem Lehrbuch, obwohl sie damit noch nie Erfahrung sammeln konnte. Ich lobte sie mächtig, und sie führte mich weiter in den Wald hinein, ziemlich geradeaus. Wieder war auf der ganzen Fährte kein Schweiß mehr zu finden, aber nach etwa sechzig Metern stand mein Hund und hielt seine Nase an einen dünnen Zweig ein paar Zentimeter über dem Boden. Nochmals ein Tröpfchen. Julian und ich hielten Rat. Zum einen lag nicht mehr weit eine Dickung, und es schien wahrscheinlich, daß das kranke Stück deren Schutz angenommen haben würde. Zum anderen mußte hier irgendwo die Grenze zum Staatsforst verlaufen, und beide wußten wir nicht genau wo. Meine Hündin kannte ich zwar recht gut, und gerade eben hatte sie mich ja wieder von ihren Fähigkeiten überzeugt, aber sie in die Dickung an einen kranken Bock zu lassen, wollte ich doch nicht riskieren.

Wir beschlossen, zurückzufahren, Fritz aus dem Bett zu holen – es war inzwischen sieben Uhr – und seine Grenzkenntnisse sowie seine beiden Hunde in Anspruch zu nehmen. Diese waren eine Rauhhaardackeldame und ein Deutsch-Drahthaar.

Es dauerte eine Weile, bis wir Herr und Hunde wach und soweit beieinander hatten, daß sie einsatzbereit waren, aber schließlich standen wir wieder am Anschuß. Kati mußte diesmal im Auto bleiben. Fritz ließ zunächst den Dackel suchen, der nicht so stürmisch war wie der Drahthaar. Nur interessierte er sich kaum für die Fährte und auch nicht für die beiden Stellen mit den Schweißtropfen. Er beroch sie, zog dann aber nicht zur Dickung hin, sondern in eine völlig andere Richtung. Fritz meinte, dort gäbe es eine Quelle und einen kleinen Wasserlauf, vielleicht wäre der Bock dorthin gezogen. Er wolle einmal nachsehen. Eine Büchse hatte er nicht dabei, vergessen in der Schnelligkeit des Aufbruchs. Aber Julian und ich hatten unsere Waffen mit.

Ich fragte Fritz nach dem Grenzverlauf. »Die Grenze ist völlig wurscht«, sagte er, »Hauptsache wir finden den Bock.« Na gut, dachte ich, mein Revier ist es nicht, und höchstwahrscheinlich kennt er die genaue Grenze selber nicht. Während Fritz Richtung Quelle hinter einem Bodenbuckel verschwand und dabei den Drahthaar mitnahm, standen Julian und ich etwas unschlüssig herum. Zwanzig Meter vor uns lag die Dickung. Die Dackeldame schnüffelte hier und dort, trabte links und rechts durch den Wald und benahm sich wie auf einem Sonntagsspaziergang. Auf einmal dann bekamen ihre kurzen Beinchen etwas mehr Schwung, und sie verschwand in der Dickung. Das letzte, was ich von ihr naturbedingt sah, war ihre freudig wedelnde Rute. Dann hatten die dichten Fichten den Hund verschluckt. Vielleicht steckte der Bock ja da drinnen. Ich signalisierte meinem Sohn, sich in einiger Entfernung im Hochwald zu postieren und folgte selbst langsam dem Rand der Dickung. Da ging auch schon der Rabatz los. Der Dackel kläffte und jaulte, irgend etwas brach durch den Verhau, aber das Getöse ging genau in die mir entgegengesetzte Richtung. Also machte ich kehrt und spurtete so schnell, wie es meine Gummistiefel zuließen, den Dickungsrand zurück. Er verlief in einem flachen Bogen, und dann kam ich dort an, wo Fritz uns verlassen hatte. Vor mir tat sich was im Unsichtbaren, aber dann wankte nur ein paar Meter entfernt ein ganz offensichtlich kranker Bock heraus – ob es der von Julian beschossene war, konnte ich nicht wissen, weil ich

keine Ahnung hatte, wie er aussah – und tat sich gleich darauf am Dickungsrand nieder. In den paar Sekunden zwischen seinem Auftauchen und wieder Abtauchen zwischen den Randfichten hätte ich schießen können – wenn ich mir über Julians Standort im klaren gewesen wäre. Er mußte irgendwo in meiner Schußrichtung sein, und ich ließ daher den Finger vom Abzug. Vom Bock sah ich jetzt nur die Stangenenden.

Dann kam der Dackel aus der Dickung, der Bock wurde hoch und war mit einem Sprung wieder in deren Deckung.

Hinter mir vernahm ich Fritz: »Warum um alles in der Welt hast du nicht geschossen?« Wo kam der denn her, er wollte doch zur Quelle? Ich hatte meinen Freund in solchen brenzligen Situationen nicht so gerne in meiner Nähe, weil er zu schnell nervös wurde und dann alles holterdiepolter gehen mußte, während ich es lieber in Ruhe anging.

»Ganz einfach deshalb«, sagte ich, »weil dahinten im Wald Julian steht, und den möchte ich gerne noch eine Weile am Leben erhalten!« Brummel brummel. »Wie wär's, wenn du deinen Drahthaar da mal hineinschickst? Hat der schon jemals ein krankes Reh gefangen?«

»Nein.«

Na sehr gut, auch das noch. Der Drahthaar war ein lieber Hund, etwas stürmisch vielleicht, aber nach Aussagen seines Herrn jagdlich durchaus brauchbar. Fragte ich mich nur, auf was. Hoffentlich besaß er die angeborenen Jagdinstinkte wie meine Kati. Schon schoß er hinein in die Dickung, in der ja auch unser Dackel immer noch Laut gab, und es ging jetzt richtig los. Ich hörte, daß die Hunde quer durch die Dickung abstürmten weg von unserem Standplatz. Mit meinen Meilenstiefeln machte ich mich wieder auf den Weg, rannte, so schnell ich konnte, und als ich den Halbbogen hinter mir hatte, kam der Bock aus der Dickung heraus, gefolgt dichtauf von beiden Hunden, aber für mich zu weit für einen sicheren Schuß. Fritz war stehengeblieben. Was sollte er auch ohne Büchse hinter mir herrennen?

Die Hatz, die durch den Hochwald führte, entfernte sich immer weiter von dem mir vertrauten Revierteil und mußte, wenn nicht bereits geschehen, über kurz oder lang die Grenze überqueren. Da aber Fritz gesagt hatte, das sei wurscht, war es das auch mir, und so rannte ich weiter, schweißgebadet inzwischen.

Dann kamen mir Bock und Hunde außer Sicht. Dafür hörte ich sie um so besser, und dann klagte der Bock. Sie hatten ihn gefaßt. Gottlob ging's bergab, was meinem Lauf förderlich war, und kurz darauf langte ich bei Bock und Hunden an. Der große hatte ihn am Genick gefaßt, der kleine an einer Keule. Abbringen ließen sie sich nicht, und da ich der Sache auf schnellstem Wege ein Ende machen wollte, setzte ich den Lauf meiner Büchse auf den Trägeransatz und gab den Fangschuß.

Es war vorbei, die Hunde ließen ab, die Zungen hingen ihnen bis zum Boden, und wäre die meine etwas länger gewesen, hätte ich das auch geschafft. Ich war bestimmt zweihundert Meter im Höchsttempo gerannt.

Nach einer Verschnaufpause untersuchte ich erst einmal das Stück. Julians Schuß, mit einer leicht nach oben führenden Schußbahn, hatte den Bock ziemlich hoch etwas vor dem linken Blatt getroffen, die Kugel war am Trägeransatz der anderen Seite wieder ausgetreten. Eigentlich ein tödlicher Treffer und kein Wunder, daß der Bock daraufhin wie der Blitz umgefallen war. Nur hätte er auch tot sein müssen. Anscheinend aber war die Kugel durch Vorderbrust und Träger gegangen, ohne einen lebenswichtigen Strang zu erwischen. Das gibt es halt manchmal. Genaueres war durch meinen Fangschuß nicht mehr festzustellen.

Inzwischen waren Julian und Fritz bei mir angelangt, beide außer Puste. Wieso denn, sie waren ja doch nur herumgestanden und hatten mich machen lassen. Aber Julian war mächtig erleichtert, daß sein Bock da nun lag, und auch Fritz brummelte nicht, sondern erging sich in Lob und flotten Sprüchen über meine frühsportliche Glanzleistung.

Julian versorgte den Bock, was leicht vonstatten ging, da er nur am Träger verletzt war. Er hatte zwar seine Jungjägerzeit schon hinter sich, aber wie das so geht, wir standen daneben und gaben mehr oder weniger gute Ratschläge.

Jeder Jäger macht das auf seine Weise, das Aufbrechen und mag es gar nicht, wenn er dabei von anderen aus der Routine und der Ruhe gebracht wird. Also machte er es, wie er es sonst auch machte und ließ uns reden, und es war schließlich alles in Ordnung. Er und ich trugen den Bock durch den Wald zurück zum Auto. Kati durfte heraus, um eine Nase voll Rehduft zu nehmen und saß im nächsten Augenblick der kleinen Dackelhündin im Fell. Die schrie, als würde sie umgebracht werden, wobei überhaupt nichts passierte. Nur, meine Hündin war eifersüchtig wie nochwas, und die erste Spur dieses Stück Wildes hatte sie, und sie ganz alleine erwittert, damit war es ihres. Da hatte kein anderer daran herumzuschnüffeln. Der Große war schlau genug, Abstand zu halten und bekam daher auch nichts ab.

Ich packte Kati am Nacken und sagte ›aus‹ und ›sei friedlich‹, und wir dividierten die drei auseinander, einer kam in den Kofferraum, der zweite vorn, der dritte hinten ins Auto, und dann ging's nach Hause zum verdienten Frühstück.

Kati

Wieder einmal ein neuer Hund in meinem Leben, und eine für mich neue Rasse. Sieben hatten mich bisher begleitet.

Mit einer Rauhhaardackelhündin begann es. Dann ein Mischling, dem ein blauschimmeliger Cocker folgte. Imme, die prachtvolle Deutsch-Langhaar-Hündin, meine passionierte Gefährtin der ersten Jägerjahre. Zwei Deutsch-Drahthaar nach ihr. Alles Hündinnen. Mit einer kleinen Pause dann der erste Rüde. Schani, eine Kreuzung zwischen Bracke und Leonberger.

Ich wollte einfach einmal wissen, wie es mit einem männlichen Hund sein würde, und in den sechs Jahren des Zusammenseins gab es keinerlei Schwierigkeiten. Von Anfang an entwickelte sich der Hund pflegeleicht, gehorsam, ruhig und aufmerksam. Seine Nase war hervorragend, aber für die Jagd hätte er sich nicht geeignet. Von äußerst sensiblem Gemüt, mochte er keine lauten Geräusche. Schon das Klappern einer nicht richtig verschlossenen Zimmertüre ließ ihn sich von seinem Ruheplatz erheben und in einen anderen Raum wechseln. Kurz, Schani war alles andere als schußfest.

Da ich aber in dieser Zeit sowieso die Flinte meist im Schrank stehen hatte, brauchte ich ihn mit Tönen, die ihm zuwider waren, auch nicht weiter zu belästigen.

Schani starb, weil er ein Rüde war. Eigentlich von absolutem Gehorsam, ließ er sich sogar auf dem Weg zu einer läufigen Hündin zurückpfeifen, solange ich ihn in Sicht- und Hörweite hatte. Aber eine einzige unachtsame Minute, während der ich einen anderen Hundebesitzer begrüßte, war dann die entscheidende Minute gewesen.

Unbemerkt war Schani entwischt, blitzartig und gekonnt heimlich, wie Hunde das können, wenn sie wissen, es ist eigentlich nicht erlaubt. Er hatte seit Tagen auch gewußt, daß es eine heiße Hündin im Park gab. Der und deren Besitzer ging er hinterher, seine Nase am Po der Pinscherin, die angeleint gewesen war.

So überquerten die drei eine viel befahrene Straße, und der Hundebesitzer verschwand auf der anderen Seite in seinem Hauseingang. Schani ließ er draußen sitzen, und dafür könnte ich ihm heute noch ziemlich fürchterliche Dinge antun.

Er mußte den Hund gekannt haben, weil man im Park stets dieselben Leute mit ihren Vierbeinern traf, durch Jahre hindurch. Und er hätte auch wissen müssen, was passieren würde, wenn er den Rüden vor der Türe aussperrte. Richtig wäre es gewesen, ihn mit ins Haus zu lassen, mich oder meine Frau zu verständigen, die wir nur zwei Straßen weiter wohnten, damit wir Schani abholten. Aber Menschen mit Stroh im Kopf sind ja nicht so selten und kommen auch unter denjenigen vor, die sich Hundehalter nennen.

Schani, dem das Ziel seiner Sehnsucht nun entschwunden war, wollte zurück zu mir in den Park, querte alleine die Straße und wurde überfahren. Er war sofort tot.

Die Leser mögen mir meine hart erscheinenden Sätze vergeben, aber heute noch kommt Zorn in mir hoch nach fast vier Jahren, wenn ich daran denke; und eben auch daran, daß dieser Unfall ganz leicht hätte verhindert werden können.

Jeder Hund hat seine eigene Hundepersönlichkeit und seine Einmaligkeit, und ich war mit allen sehr eng verbunden gewesen. Da gab's keinen Zwinger. Meine Hunde waren überall und immer dabei, soweit das irgendwie zu machen war. Und doch, für meine Frau und mich war die Bindung zu diesem Rüden besonders tief gewesen, wenn es mir auch kaum gelingen würde, sie zu beschreiben. Und dann gab es ihn nicht mehr, schlagartig tatsächlich.

Irgendwie rauchte in den Wochen danach der Hundeofen nicht mehr, war ausgegangen, und es blieb ein Haufen kalter Asche. Ich wolle keinen neuen.

Nur, das Loch, das sich da aufgetan hatte, gab mir auch meine Ruhe nicht zurück. Die Leere machte sich allzu rasch bemerkbar. Ich hockte trübsinnig in der Stube, Spaziergänge wurden zu einem langweiligen Durch-die-Gegend-traben, und wenn ich in der Ferne andere Hundemenschen mit ihren Begleitern sah, machte ich einen Bogen, um nicht hören zu müssen: »Na, noch immer alleine?«

Schließlich hielt ich es nicht mehr aus. Einige Wochen nach Schanis Tod gab ich mir einen Ruck. Es war Mai, draußen grünte und blühte alles, die Vögel pfiffen wie verrückt, und ich blies noch immer Trübsal. Ich mußte wieder einen Hund haben.

Also begannen die Gedanken um dieses alte Thema zu kreisen. Hündin oder Rüde zunächst. Keinen Rüden mehr, sagte ich mir. Es war entschieden leichter, eine Hündin davor zu bewahren, unfreiwillig gedeckt zu werden als einen Rüden daran zu hindern, abzuhauen. Und irgendwo war immer irgendeine Hündin heiß. Hündin deshalb!

Welche Rasse? Eigentlich egal. Es könnte auch ein Mischling sein. Im Tierheim waren sie immer froh, wenn sie die kleinen Fehltritte an vernünftige Leute abgeben konnten. Nur wußte man halt nicht so genau, ob sich ein hübscher, wenige Wochen alter Welpe später möglicherweise zu einem Monstrum von Hund entwickeln würde. Und einen Welpen wollte ich schon. Wir hatten ja mit dem Mischling Schani großes Glück gehabt, aber bei ihm waren die Eltern bekannt gewesen, und ehrlich gesagt, ich hatte mir damals über groß oder klein keine Gedanken gemacht. Jetzt machte ich sie mir. Kein Mischling deshalb! Da landete ich nun bei der Frage nach der Rasse. Der neue Hund durfte nicht zu groß und damit zu schwer werden, wenn er ausgewachsen war. Wir hatten eine Wohnung im dritten Stock, sechsundsechzig Treppenstufen auf und ab zu bewältigen und mußten einen Hund, sollte er schwach und krank sein oder ein gebrochenes Bein haben, tragen können. Damit fielen einige Rassen von vornherein aus.

Bei allen diesen Überlegungen war mir von Anfang an eines klar gewesen: ich wollte wieder einen waschechten Jagdhund haben. Ich kam inzwischen wieder mehr hinaus, hatte Freunde, die jagten, und wenn das Niederwild auch längst nicht mehr so zahlreich vorkam wie früher, Kaninchen und Ringeltauben gab es jedenfalls genug. Und damit und mit der Größe reduzierte sich die Rassenfrage schon ganz wesentlich. Es blieben nur kleine oder mittelgroße Rassen über.

Ein Dackel war mir einstweilen noch zu klein. Nichts gegen Dackel, ich liebe sie heiß, besonders die Rauhhaar, mein allererster Hund war ja so einer gewesen. Aber ich fuhr gerne mit dem Rad, und da sollte mein Hund schon gut mithalten können, ohne daß die kurzen Beine sich noch mehr abnutzten. Das schien mir eher etwas für die letzte Altersstufe zu sein. Da konnte ich mir immer noch einen Dackel beim Stammtisch unter die Joppe stecken.

Cocker? Hatte ich schon. Taugte jagdlich nichts, die Bonny, so brav und schmusig sie war. Sie hielt sich auch die Ohren zu, wenn ein Schuß losging und verschwand unter der nächsten Deckung. Was gab es dann noch, in mittlerer Größe?

In unserem Hundepark war mir oft eine Dame auf dem Rad begegnet mit einer Kleinen Münsterländerin. Das wäre es doch, oder? Ich sprach sie kurz darauf einmal an und bekam ein Loblied über diesen Hund zu hören. Den nächsten, den ich fragte, war ein befreundeter Tierarzt. Der schlug in klugen Büchern nach, in denen stand, welche Hunderassen welche Macken und Krankheiten vorzugsweise haben und bekommen können. Beim Kleinen Münsterländer fand er nichts dergleichen. Ich kaufte mir noch selbst ein Buch über diese Rasse und war beeindruckt über die anscheinend recht pfiffigen Kerlchen. Kleiner Münsterländer deshalb!

Wir bekamen die Adresse eines Züchters heraus, der ganz in der Nähe wohnte und gerade einen Wurf hatte. Wir fuhren zu ihm und waren beim Anblick der Welpen sofort zum Kauf entschlossen. Nur, sie mußten in den nächsten Tagen abgegeben werden. Zwölf Wochen alt waren sie schon. Unsere Sommerferien lagen aber noch gut einen Monat voraus, und während dieser Ferienwochen auf dem Land wollten wir den jungen Hund stubenrein bekommen. Das ging nicht in unserer Stadtwohnung aus dem vorhin schon genannten Grund. Dritter Stock, sechsundsechzig Treppenstufen. Und damit dann tagsüber und nachts mit dem kleinen Pipimacher dauernd hinunter und hinauf, war keine erstrebenswerte Sache.

Über eine Anzeige in einer Jagdzeitschrift fanden wir einen anderen Züchter. Der lebte zwar etwas weiter entfernt, sagte jedoch auf unseren Anruf hin zu, noch Welpen zu haben. Vier Wochen waren sie erst alt. Das also würde terminlich mit unseren Ferienplänen passen.

Nach einer Woche fuhren wir hin, fanden ein sympathisches Ehepaar auf dem Land und einen ordentlichen Zwinger. In getrennten Abteilen schliefen oder stolperten insgesamt fünfzehn weiß-braune Welpen. Eine Hündin hatte alle fünfzehn geworfen! Aufzuziehen waren sie nur, weil der Züchter eine Amme beschaffen konnte, die sieben von ihnen übernahm.

»Bis auf vier sind alle noch zu haben«, sagte der Züchter und sortierte diese vier aus in eine Extrabox. Wie er so sicher sein konnte, die richtigen vier erwischt zu haben, setzte mich einigermaßen in Erstaunen. Für mich sahen alle gleich aus. »Na denn suchen Sie sich mal eine Hündin heraus!«

Da wuselten immer noch elf Welpen durcheinander. Sobald ich mir einen schnappte, mir, nach einem Blick auf die Unterseite, über das Geschlecht klar war und ihn wieder auf den Boden setzte, wußte ich im nächsten Moment schon nicht mehr, welcher es gewesen war. Ich gab das bald auf und weil ich eher einen kleinen Hund als einen großen haben wollte, suchte ich einfach nach dem kleinsten Welpen. Es war ein Weibchen, na prima, das will ich haben!

Die Eltern wurden jagdlich geführt, die ganze Zucht war auf jagdliche Eignung der Hunde ausgerichtet. »Aber Sie können die auch gut in der Wohnung haben und mit ins Bett nehmen«, sagte der Züchter. »Die machen alles mit«.

»Können wir den Hund in vier Wochen abholen?«

»Ja, sicher, warum nicht. Ich hab' dann die Papiere und alles fertig, geimpft ist er dann auch schon und entwurmt.«

»Also, dann erst mal vielen Dank und bis dann!«

»Auf bald!«

Wir machten uns auf nach Hause und hatten noch vier Wochen Zeit, uns einen Namen auszudenken.

Meine Frau war es dann, die fragte »wie wär's mit Katinka?« Das gefiel mir, weil es nach Bayern klang. Nur waren die letzten drei Buchstaben eigentlich überflüssig. Kati klang noch bayerischer und gewann, wenn auch zunächst unter Protest, gegen Katinka das Rennen. Und wenn's ganz schnell gehen muß, sage ich Katz.

Dieser profane Name verbarg allerdings Katis edle Abstammung. Sie hieß nämlich eigentlich Jolli vom Schaumburger Wald, und ihr Stammbaum wies eine lange Reihe von hervorragenden Ahnen auf. So gut, so jolli. Kati mochte ich lieber. Auch wenn wir mit ihr hoffentlich einen Joker gezogen haben sollten.

Dieser Hund brachte mich bald zum Staunen und erinnerte mich daran, daß man seinem vierbeinigen Begleiter nichts beibringen muß, wenn er gute Anlagen hat. Es kommt alles zu seiner Zeit zum Ausbruch, und er kann es! Kati war vielleicht vier Monate alt. Wir machten einen Spaziergang am Waldrand entlang, als ich eine junge, eben flügge Haustaube unter einem Busch fand. Ich nahm sie auf, untersuchte sie, fand keine Verletzungen und warf sie hoch, damit sie abfliegen konnte. Sie strich aber nur sechzig Meter weit und landete wieder am Boden. Kati hatte die abfliegende Taube gesehen, rannte hinterher und apportierte sie Kopf nach vorne und die Schwanzfedern zart im Fang haltend. Sie hatte vorher noch nie ein totes oder lebendes Tier gebracht.

Kurz darauf wurde sie krank, bekam eine recht hartnäckige Halsentzündung und war gar nicht gut beieinander. Aber in der Tierärztlichen Hochschule Hannover nahm man sich ihrer an und brachte sie wieder auf die Läufe.

Sie witterte, hörte und sah alles. Als Welpe schon setzte sie sich hin und streckte ihren Hals so lang er sich dehnen ließ nach oben, wenn sich irgendwo am Horizont etwas bewegte. Sie hob den Kopf und suchte die Bäume ab, wenn dort ein Vogel sang. Und ihre Nase fing jeden Mäuse-, Kaninchen- oder Hasenduft ein, und dann stand sie vor. Als sie knapp ein Jahr alt war, nahm ich sie mit zur Kaninchenjagd. Ich schoß zwei mit einem Schuß, die nebeneinander unter einem Busch herausgekommen waren. Kati brachte erst das eine, dann das zweite.

Sie war draußen immer alert, von Anfang an nur darauf aus, zu suchen und zu finden. Dabei stets mit einem Auge bei mir, ob ich kam, was ich von ihr erwartete und meist Hecken und Büsche in Schußentfernung absuchend, selten weitab. War allerdings ein zweiter Hund mit von der Partie, dann wollte sie dem wohl zeigen, wer der schnellere und bessere ist und ging dann doch zu stürmisch ab. Drinnen, im Haus oder auch im Auto war sie dagegen ruhig. Im Auto hatte sie von Beginn an ihren Platz unten vor dem Beifahrersitz, ging nie auf die Sitze oder tapste auf dem Armaturenbrett herum. Zuhause konnten wir sie alleine lassen, ohne daß sie anfing zu jaulen und zu kläffen. Waren wir lange Strecken und viele Stunden im Wagen unterwegs, rollte sie sich zusammen und schlief die meiste Zeit. Eigent-

lich also fast ein Traumhund, wenn ich sie nur mehr und öfter wirklich jagdlich hätte fordern können. Aber die Gelegenheiten dazu waren selten.

So jagten und jagen wir noch auf unsere Weise, machen jeden unbewaffneten Spaziergang etwas aufregender für uns beide. Ich gehe immer zu ihr hin, wenn sie vorsteht. Liegt da ein Kaninchen im Busch, zuckt Katis Schwanzspitze ein wenig. Ist es ein Hase, bleibt die Rute unbeweglich. Kommt das Kaninchen heraus, ist der Hund hinterher bis zum Bau. Einem Hasen schaut Kati ruhig zu, wenn er abgeht, macht höchstens zwei, drei Sätze auf seiner Spur. Rehe nimmt sie völlig gelassen und geht auch ihnen nicht hinterher. Ab und zu hat sie ein Erfolgserlebnis, wenn sie ein krankes Kaninchen findet, das Myxomatose hat oder sonst ein Leiden. Das greift sie natürlich – ein gesundes hat sie noch kein einziges Mal erwischt – und bringt es zu mir, und ich lobe sie sehr.

Nur einmal bisher hat Kati mich ziemlich in Verlegenheit gebracht. Wir machen an einem schönen, sonnigen Herbstnachmittag einen Hundegang in einem stadtnahen Park, meine Frau ist dabei und zwei Freunde noch. Nur wenige andere Menschen sind unterwegs. Wir kommen an einer Hecke vorbei, die einige Meter neben dem Weg endet. Kati steht dort vor. Ein Kaninchen, denke ich mir, denn hier sind sie zahlreich. Also trete ich neben sie und sage »bring's raus«, und der Hund springt in die Hecke, rumort dort kurz herum und kommt wieder heraus. Steht wieder vor. Ich sage nochmals »na los, bring's schon raus«, obwohl ich meine, daß da gar nichts mehr liegt. Kati wieder hinein und dann ein kurzes Quäken. Da hat sie es wohl gefaßt, das Kaninchen. Und bemerke im gleichen Moment, daß ein Mann und eine Frau am Weg hinter mir stehen.

Na sehr fein, denke ich, jetzt geht das gleich los mit dem ›Sie schlechter Mensch Sie, Sie Tierschinder und Kaninchenkiller! Na warten Sie, das werden wir melden!‹ In solchen Fällen sind Diskussionen und vernünftige Erklärungen absolut sinnlos. Man macht am besten, daß man weiterkommt. Aber innerlich verkrampft es mich erst einmal.

Und da erscheint meine Kati unter der Hecke – und apportiert einen ausgewachsenen Hasen! Es ist ihr erster Hase überhaupt. Sie legt ihn ab, schaut mich komisch an, wahrscheinlich ist sie selber überrascht über diese neue und schwere Beute. Sofort rufe ich ihr zu: »Apport, bring's her«, und dasselbe nochmal, nachdem sie zögert. Sie muß mir den Hasen bringen, alles andere, das Palaver mit denen dort hinter mir, kann warten.

Kati nimmt auf und bringt, tadellos hat sie den Hasen in der Mitte genommen, hält ihn fest, aber knautscht nicht, er lebt auch nicht mehr. Sie setzt sich vor mich. Da höre ich: »Nun nehmen Sie Ihrem Hund mal den Hasen ab, bringen muß er ihn zuerst, sicher, und dann geben Sie mir den Hasen, ich habe hier die Jagdaufsicht!« Ich tue wie geheißen, denke Prost Mahlzeit, das gibt jetzt echten Ärger, drehe mich um und überreiche den Hasen. Fast wäre mir noch ein Waidmannsheil entschlüpft.

Es gibt keinen Ärger, und das ist höchst erstaunlich, weil's in hundert ähnlichen Fällen neunundneunzigmal Ärger gibt. Der Mann nimmt den Hasen, stellt sich vor – das muß man sich einmal vorstellen! – sagt »das ist meine Frau« und »Ihre Hündin ist wohl noch jung, da passiert sowas schon mal. Nur bitte, nehmen Sie den Hund hier doch lieber an die Leine, es gibt ziemlich viel Wild!«

Ich stottere verlegen herum, stelle mich auch vor, bringe noch ein »'tschuldigung, nichts für ungut!« heraus, und dann ziehen die beiden mit dem Hasen ab.

Meine drei Begleiter hatten die Ereignisse etwas aus der Entfernung verfolgt, sichtlich nicht bereit einzuspringen, wäre es zu handgreiflichen Auseinandersetzungen gekommen. Und einer meinte dann: »War das nun wirklich der Jagdaufseher oder einer, der auf diese Art zu einem billigen Hasenbraten gekommen ist?« Zu diesem Zeitpunkt war mir das völlig egal. Und Kati, der Guten, sowieso.

Hinterher habe ich mir dann überlegt, daß dieser Hase auch krank gewesen sein muß. Es bleibt doch kein normaler, gesunder Hase in der Sasse sitzen, wenn ein Hund ihm schon einmal beinahe ins Kreuz gesprungen ist, neben ihm rumort, weggeht und sich ihm ein zweites Mal nähert. Aber zu beweisen wäre das ohnehin kaum gewesen.

Zwei an einem Morgen

Die Hirschbrunft war am 8. Oktober nun wohl endgültig vorbei in den österreichischen Alpen. So recht kam sie in diesem Jahr überhaupt nicht in Gang, auch die Tage vorher nicht, weil das Wetter zu warm blieb oder aus irgendeinem anderen Grund. Keiner wußte das so genau. Auch Hubert nicht, mein Jagdführer, obwohl der sonst kaum in Verlegenheit zu bringen war, wenn es um Dinge ging, die Rotwild betrafen.

Wir hatten in den vergangenen sieben Tagen alles versucht, keine Frühpirsch und keine Abendpirsch ausgelassen, und wenn's noch so geschüttet hatte wie aus Waschfässern. Wir waren angesessen schon im Stockfinsteren am Morgen und bis zum absoluten Nichts-geht-mehr mit dem Schußlicht abends. Hubert, der alle Schliche und Tricks kannte, wußte auch nicht mehr, was wir noch anstellen sollten. Kein Hirsch ließ sich hören und keiner blicken und wenn dann doch einmal, dann war er im Feindlichen, zu weit, zu jung oder zu schnell wieder weg, und das, obwohl Hubert einen Hirsch innerhalb von fünfzehn Sekunden angesprochen hatte und sein Urteil abgab.

Es war zum Verzweifeln. Mein letzter Tag hier als Jagdgast kam, dann war die Brunft auch dem Kalender nach und nach dem Ritual des Gastgebers zu Ende.

Noch einmal um vier Uhr nach einer kurzen Nacht aus den Federn, ein schnelles Frühstück – das richtige gab's nach der Rückkehr aus dem Revier – die Sachen in den Jeep verfrachtet und hinaus in die Dunkelheit.

»Wohin geht's«, fragte ich Hubert. »Wir schaun noch mal hinter ins Tal unterhalb vom Kogelberg, da soll gestern noch ein Hirsch gemeldet haben«, sagte er. Na gut. Hubert wußte, was ich auch wußte, daß dies mein letzter Tag war und uns noch zwei Versuche blieben, jetzt eben und am Abend. Und er würde alles dransetzen, mir zu einem Hirsch zu verhelfen.

Nach einer halben Stunde Fahrt ließen wir den Wagen stehen

und pirschten zu Fuß weiter, zuerst die Forststraße noch ein Stück bergan, dann auf einem schmalen Pfad den Hang schräg abwärts.

Unten im Tal floß ein Bach. Etwas oberhalb, am Hang, den wir gerade hinunterstiegen, gab es einen Bodensitz, von dem aus man auf den Schlag gegenüber sehen konnte. Die Entfernung vom Sitz zum Schlag betrug vielleicht hundert Meter, und das bedeutete, daß man möglichst lautlos hinkommen und einschliefen mußte, um Wild, das da draußen stand, nicht zu vergrämen.

Nun ist lautloses Pirschen eh schon eine höhere Kunst, weil es eine Menge unliebsames Zeug gibt, das zwischen Waldboden und Schuhsohle Geräusche verursacht, auch am hellen Tage. Und in finsterer Nacht erst recht.

Ich habe gottlob gute Augen und kann auch noch etwas sehen, wenn andere schon mit dem Kopf an einen Baum rennen, und so folgte ich Hubert wie ein Lamm seiner Mutter, dichtauf, immer bedacht, meinen Fuß genau dorthin zu setzen, wo Sekunden vorher der seine gewesen war. Weil ich wußte, daß er mit absoluter Sicherheit auf nichts treten würde, das knackte oder knirschte.

Wie er das anstellte, blieb mir ein Rätsel. Vielleicht hatte er Sensoren unter den Füßen, die Bucheckern, dürre Äste, lose Steine und trockene Blätter anzeigten. Jedenfalls bewegte er sich, und das nicht gerade langsam, durch des Waldes Nacht wie Jesus über den See Genezareth. Stellte ich mir jedenfalls so vor.

Wenn er plötzlich stehenblieb, blieb auch ich stehen, natürlich, sonst wäre ich aufgelaufen. Wenn er lauschte, tat ich das auch, nur hörte ich nicht das, was er hörte. Und wenn er seine Nase in die Nachtluft hob, zog auch ich die Luft ein, bekam aber nichts als eben Nachtluft in die Nüstern. Hubert hingegen roch dann einen Hirsch oder keinen. All diese Erfahrungen hatte ich in vergangenen Jahren mit ihm gemacht und vertraute ihm blindlings.

Ich war zwar inzwischen auch nicht mehr total unbedarft, was Rotwild anging, wie im ersten Jahr auf Hirsche. Man lernt. Damals hatte ich gedacht, ein Panzer kommt, als so ein Zwölfender auf den Schlag prasselte. Rehe und Hasen sind halt doch kleiner.

Das Ansprechen jedoch überließ ich Hubert bedingungslos. Hätte ich versucht, die Enden zu zählen und das Alter zu schätzen, wäre der Hirsch, der da kam, vorher eines natürlichen Todes gestorben.

So tasteten wir sacht bergab.

Ein matter Morgenschein schlich sich von Osten her in den sternenklaren Himmel ein. Kein Regen heute wenigstens.

Dann, wir waren nur mehr ein paar Meter vom Sitz entfernt, ging drüben am Schlag etwas ab. »Sakra«, flüsterte Hubert, »kommen S' g'schwind.« Und hinein war er in den Sitz, und ich hinterher. Sehen konnten wir noch nichts, und als nach zwanzig Minuten etwas zu sehen gewesen wäre, war nichts Sehenswertes mehr da. Was auch immer dort drüben gestanden sein mochte, es hatte uns entweder trotz aller Schleicherei mitbekommen oder es aus einem anderen Grund vorgezogen, zu verschwinden.

Wir blieben noch. Möglich, daß noch ein Hirsch austrat. Daß einer in der Nähe meldete, knörte, trenzte, mit seinen Stangen an Äste streifte oder auf irgendeine andere Art und Weise kundtat, daß in dieser Gegend eine Wildart, Hirsch genannt, ihr Unwesen trieb.

Nichts.

Schließlich sagte Hubert: »Geh ma.«

Wir gingen. Und wir waren vielleicht zehn Minuten unterwegs, den Hang hinauf zur Straße und zum Wagen, da meldete ein Hirsch im Nachbartal. Und ein zweiter! Hubert drehte sich zu mir um. »Los, da drüben, wo des herkommt, da steht noch eine alte Kanzel. Da müß' ma hin. Können S' noch? Es geht a bisserl steil bergauf, aba...« Schon waren wir unterwegs.

Oben über die Straße. Hangaufwärts durch den Wald. Ins Nachbartal hinüber und dort noch einmal steil nach oben, einem alten Pirschsteig serpentinig folgend. Hubert voraus, ich hinterher, schwitzend, herzklopfend, das Melden der Hirsche im Ohr und alles andere als leise.

Es war inzwischen heller Tag. Die Hirsche konnten jede Minute aufhören zu melden und sich in die Dickung verziehen. Wir mußten vorher oben sein bei der alten Kanzel, wo immer die sein mochte. Da ging Geschwindigkeit vor Lautlosigkeit.

Einmal blieb Hubert kurz stehen, drehte sich halb zu mir um

und meinte: »Des sind mehr als zwei, da muß noch ein brunftiges Tier sein«, schaute mich dann mit diesem mir schon gut bekannten Blick rasch an, so ganz harmlos. Dabei wollte er nur wissen, ob ich's noch machte oder schon am Abklappen war. War ich aber nicht.

Weiter ging es auf dem schon ziemlich verwachsenen und offenbar seit Jahren nicht mehr benutzten Steig. Endlich konnte man voraus durch die Äste der Bäume etwas erahnen, das viereckig war und wie eine Kanzel aussah.

Dort angelangt sagte Hubert: »Warten S', ich schau einmal hinauf, ob die Kraxn noch z'sammhalt«, stellte seine Büchse an einen Stamm und kletterte hinauf. Etwas windschief hing die Kanzel schon zwischen ihren Stützen. Dann kam er schon wieder herunter, griff die Büchse, flüsterte: »Geht schon« und baumte auf, ich hinterher.

Wir ruckten uns auf dem Sitzbrett zurecht, schauten angespannt und aufgeregt durch die Luke vorn. Ein Panorama-Rundblick bot sich uns nicht. War da auf der Lehne vor uns einmal ein Schlag gewesen, so war das einige Zeit her. Außer drei kleinen, nur quadratmetergroßen Blößen und einer weiteren, auf der man einen Hirsch von vorn bis hinten hätte sehen können, hatten sich Büsche und junge Bäume das Gelände zurückerobert. Und jetzt fiel uns auch auf, daß es um uns herum völlig still geworden war.

Feierabend, dachte ich, die haben uns daherschnaufen hören und sind nach Hause gegangen. Oder haben das Knarren der altersschwachen Bude vernommen, wie wir hinaufgekraxelt sind. Und spähte verbissen auf den nach links steil abfallenden Hang, um vielleicht doch irgendwas Rotbraunes dort zu finden. Plötzlich flüsterte mein Jäger: »Stad – sind S' fertig«, lauschte vorgebeugt nach rechts oberhalb von uns, und jetzt konnte ich auch ein leises Knören da vernehmen. Gar nicht weit weg war das.

Und noch einmal. Und es wurde lauter, steigerte sich zum ärgerlichen Ruf eines Hirsches. Antwort kam von schräg gegenüber. So richtig tief waren diese Stimmen nicht, also wohl kein wirklich alter Hirsch dabei, aber was soll's, wenigstens rührte sich endlich etwas.

Dann prasselten rechts über uns Äste, und auf einmal erschien

auf einer der kleinen Blößen ein Wildkörper. Spitz von vorn
stand da ein mageres Sechserhirscherl und äugte zurück.

»Wenn S' wollen, können S' schiaß'n«, sagte Hubert leise an
meinem Ohr – der Hirsch war kaum vierzig Meter weit – »eigentlich ist's kein Gästehirsch, aber wenn S' wollen.« Ich war schon
längst auf dem Stich mit meinem Zielstachel, schoß beim zwei-

ten ›wenn S' wollen‹, der Hirsch brach vorne ein, machte tiefe Fluchten hangab und rauschte dort in ein Erlendickicht. Weiter war nichts mehr zu sehen oder zu hören.

»Der liegt«, sagte ich, nicht ganz leise, und Hubert: »Sind S' gut abkommen?« »Ja.« »Wart ma noch.«

Ich wollte gerade in meine Lodenjacke langen, um nach Tabaksbeutel und Pfeife zu angeln, da bekam ich von Hubert den Ellenbogen in die Rippen. »Schaun S', da drüben auf der Schlupf'n, da kommt noch einer!«

Tatsächlich tauchten dort von gegenüber kommend Stangen auf. Mehr war nicht zu sehen, weil es offenbar gleich steil hinunter ging. »Ein Zehner, der wär auch schußbar.«

Warum wäre?

Als hätte Hubert meine stumme Frage erahnt: »Eigentlich dürfen wir kein' zweiten Hirsch net schiaß'n, bevor wir den ersten nicht ham. Und haben tun wir ihn nicht. Sind S' sicher, daß ihn gut troffen haben, daß er liegt, da drunten?«

»Also, des müßt den Teufel haben, wenn der nicht liegt!«

Jetzt war der Zehner aus der Deckung heraus und gab uns auf etwa siebzig Meter seine volle Breitseite zum Betrachten.

Ich war längst drauf auf dem Blatt, hatte gestochen und den Finger am Abzug. Aber noch fehlten die erlösenden Worte von nebenan. Hubert kämpfte still mit sich, mit seiner Jägerehre, seiner Verantwortung, seiner Freude, mir zu guter Letzt vielleicht zwei Hirsche vor die Büchse gebracht zu haben. Ich ahnte das alles in Sekunden. Mehr Zeit war da nicht vergangen, der Hirsch brauchte nur ein paar Schritte oder eine einzige Flucht zu machen, dann war er verschwunden.

»Sakra, schiaßn S'!«

Der Hirsch warf sich im Schuß herum, nahm die gleiche Fluchtrichtung an wie der erste, ich hörte Hubert sagen: »Den ham S' gut 'troffen«, und dann brach der Hirsch noch in Sichtweite zusammen und rührte sich nicht mehr.

Hubert stellte seine Büchse wieder neben sich ab. Nach meinem Schuß hatte er sie, sofort bereit, wenn's sein mußte, einen Fangschuß anzubringen, durch die Luke geschoben gehabt.

Wir atmeten beide tief durch, und wenn ich bis dahin recht ruhig geblieben war, einmal abgesehen vom schweißtreibenden Anlauf zur Kanzel, fing es nun an mich zu schütteln. Ich hatte einige

Mühe, meine Pfeife zum Dampfen zu bringen mit flatternden Händen. Reden konnte ich überhaupt nicht, und erst Minuten später, nach einigen tiefen Zügen, bekam ich mich so einigermaßen ins Gleichgewicht.

Ich schaute Hubert an, und Hubert schaute mich an. Er war noch nicht im Gleichgewicht. In ihm nagten noch Zweifel, ob es richtig gewesen war, was wir da angestellt hatten. Wenn der erste Hirsch nicht lag, kam er in Teufels Küche.

»Hubert«, sagte ich, »der muß liegen. Mit einem Schuß auf den Stich unter dem Trägeransatz auf die nahe Distanz kann der unmöglich weit sein!«

»Ja, hoff'mas.«

Amen, dachte ich im stillen.

Wir ließen noch eine halbe Stunde verstreichen. Die anderen mußten längst um den Frühstückstisch sitzen da unten und sich Gedanken machen, wo wir blieben. Es war acht Uhr vorbei. Normalerweise trudelten die Jäger mit ihrer Begleitung spätestens kurz nach sieben Uhr im Jagdhaus ein. Aber natürlich war eine Verspätung immer gegeben, wenn ein Stück geschossen worden war, eine Nachsuche anstand oder unter nicht ganz einfachen Bedingungen aufgebrochen werden mußte.

Endlich nahm Hubert seinen Rucksack und die Büchse und stand auf. »Schaun ma nach.« Er ließ mich hinunterklettern, prägte sich noch einmal die Stelle ein, wo, hoff'mas, die beiden Hirsche dicht beieinander liegen sollten und kam dann hinterher.

Er ging voraus, was mir bei dem verwachsenen und von hier unten noch viel weniger übersichtlichen Schlag auch lieb war. Ich war mir keineswegs gewiß, ob ich einen sicheren Fangschuß anbringen konnte, wenn das notwendig sein sollte.

Wir waren jetzt schon ziemlich nahe an dem Erlendickicht, in dem der Sechser meiner Ansicht nach liegen mußte. Hubert stieg auf einen Felsbrocken, um einen besseren Überblick zu bekommen, schaute suchend umher, dann zu mir herunter. »Waidmannsheil, da liegt der Zehner!« Na schön, das hatten wir vorher schon gewußt. Während Hubert dort droben noch einmal seinen Hals reckte, ging ich ein paar Schritte näher an den Verhau, der nicht nur aus Erlen bestand, sondern unten herum aus allen möglichen Kräutern und Stauden. Da drin hätte sich ein Elefant verstecken können.

Hubert kam zu mir, fragte, ob ich irgend etwas sehen könnte, sagte dann, er werde mal das Gebüsch da umschlagen, und ich solle, zur Sicherung des oberen Randes, bleiben, wo ich war. »Schießen S' sofort, wenn er rauskommt!«

Ich hörte ihn seitlich wegbrechen, den Hubert, er mußte sich ganz schön durchkämpfen, weil es auch am Rand der Erlen nicht gerade einen gepflegten Spazierweg gab. Dann war es still, und plötzlich kam von der anderen Seite endlich das erlösende »Waidmannsheil, da liegt der Sechser!« Mein Durchatmen muß bis ins Tal hinunter zu hören gewesen sein.

Auf der Schneise, die Hubert durch Bruch und Bewuchs getrampelt hatte, ging ich ihm nach, fand ihn auch gleich keine fünfzig Schritte entfernt und langte schließlich bei ihm an. Vom Hirsch sah ich nichts, und erst, als Hubert mit dem Kopf in eine bestimmte Richtung wies, entdeckte ich dort die hellen Enden des jungen Hirsches. Auch wenn sonst kaum etwas von ihm über den dichten Bewuchs hinausragte, wir wußten, er war verendet.

Wir drückten uns die Hände, Hubert gab mir noch ein Waidmannsheil und ich ihm aus ganzem Herzen mein Waidmannsdank. So recht fassen konnte ich das alles noch nicht.

Nach dem Aufbrechen und Verblenden der beiden Hirsche – der Zehner hatte zwei schöne Grandeln noch dazu – machten wir uns auf den Heimweg. Fast wie beim Skifahren wedelten wir die engen Serpentinen des alten Pirschpfades hinunter. Leichter als die Hatz vorhin hinauf war das, und leicht ums Herz war es mir auch.

Wir wurden mit fragenden Gesichtern empfangen. Vor dem Jagdhaus standen sie und hatten doch schon begonnen, ernsthaft zu rätseln, wo wir blieben. Der Forstmeister fragte gleich, ob was geschossen worden wäre, und als Hubert zur Antwort gab: »Zwei Hirsche liegen oben beim Kogelberg«, da war das Hallo recht lautstark.

Ich war schon sehr erleichtert, daß wir beide Hirsche ordentlich erlegt hatten, ja, wir, weil diese Morgenjagd ohne Hubert nicht so ausgegangen wäre. Außerdem auch keine Nachsuche notwendig geworden war, und Hubert damit einem Anschnauzer vom gestrengen Forstmeister oder dem Jagdherren entging. Riskiert hatte er den ohne Zweifel, für mich.

Seeungeheuer

Party. Irgendwo bei irgendwem. Gruppen, Grüppchen, Gläser in den Händen, Schnatter, Schnatter. Es war schon ziemlich spät, ich schaute auf meine Uhr. Man könnte nach Hause gehen, ein Buch lesen, schreiben, sich im Fernsehen den Film angucken, den man sich schon im Kino angucken wollte, aber es nicht tat, bis er dann abgesetzt wurde. Schnatter.

Ich überblickte zum weiß-nicht-wie-vielten-Mal die Gesellschaft, ob sich nicht doch ein Jagdkumpan dazwischen befand, dem ich berichten konnte, daß ich gestern Abend den Bock gesehen hätte, der links dies und rechts das aufgehabt hatte und den ich nicht bekommen konnte, weil...

Keiner da. Mit an Sicherheit grenzender Wahrscheinlichkeit saßen sie im Wald, am Feldrand oder pirschten durchs Gelände. Nur ich war so blöde gewesen, hierher zu kommen.

»... überhaupt keine Fische mehr. Einer nach dem anderen verschwindet, wir wissen nicht...«, Schnatter, Schnatter. Fische? Hatte ich richtig gehört, das war ja immerhin etwas. Meine lärmpegelgeschädigten Ohren entfalteten sich geringfügig, und ich trat ein paar Schritte näher zu der Gruppe, aus der soeben das Gesagte zu mir gedrungen war. Von einer jungen Dame.

Ach so, das war ja Heidrun. Ein erkennender Blick von ihr zu mir. »Grüß Dich«, Bussi rechts, »hab' dich noch gar nicht gesehen heute abend«, Bussi links. »Weißt du, ich erzähle gerade, irgendwer oder -was räumt uns das Gewässer aus. Die ganzen kleinen Fische sind verschwunden, und keiner weiß, wie!«

Das war empörend, was ich ihr ansehen konnte. »Wie wäre es mit einem Reiher«, fragte ich. »Nein, nie einen gesehen.«

»Die Buben vom Nachbarn?«

»Die würden sich das nicht trauen!«

»Katzen?«

»Glaub' ich nicht, die holen sich in der Flachwasserzone nasse Pfoten. Gibt auch keine bei uns.« Da war ich nicht so sicher.

Katzen gab's überall. Gut, keine Reiher, böse Buben oder Katzen. Ich konnte ja mal ein bißchen gemein sein und wenn sonst schon nichts los war, die Damen auf andere Weise in Wallung bringen.

»Vielleicht habt ihr Fischegel«, sagte ich. »Igitt, was ist das denn?«

»Na Egel, Schmarotzer. Früher haben die Herrn Doktors die uns auch auf den Rücken gesetzt, zum Schröpfen. Fische haben andere. Die saugen ihnen auch das Blut aus.«

»Neiiin, wie ekelig!«

»Und wenn in einem Gewässer sehr viele sind, dann machen sie den Fischen den Garaus!«

»Du bist scheußlich, wirklich. Wenn ich denke, unsere hübschen Goldfische und dann diese Würmer!«

»Ich habe ja nur versucht zu erklären, was alles möglicherweise eure Fische dezimiert. Setzt halt neue ein!« Damit sagte ich guten Abend und ging tatsächlich nach Hause.

Heidrun und ihr Freund Werner. Ihn kannte ich seit ewigen Zeiten. Heidrun kam später dazu. Werner hatte sich vor ungefähr zehn Jahren ein Haus gebaut mit allem Drum und Dran. Auch einem Garten, der flach abfiel zur Flußaue. Und auch einem Teich in diesem Garten. Nicht so einen betonierten oder plastikbefolten, wie üblich, einen Naturteich. Das war das Gewässer. Eine elektrische Pumpe beförderte das Wasser vom Teich nach oben vor die Terrasse. Dort kam es aus einem durchbohrten Findlingsblock wieder ans Tageslicht, hüpfte als kleiner Bach den Hang hinunter und in den Teich. Kreislauf auf gartenarchitektonisch.

Mir ging das nicht aus dem Kopf, dieses fischräubernde Etwas. Wie war denn das gewesen bei der Einweihung von Haus und Garten vor zehn Jahren? Eine Riesenparty im Sommer. Ich brachte Werner damals, naturverbunden wie ich nun einmal bin, einen Nistkasten für Meisen mit und fünf kleine Goldfische. Den Nistkasten konnte er zunächst nirgendwo aufhängen, weil die Bäume, frisch gepflanzt, nur dürre Stengel waren und den schweren Holzbetonkasten nicht trugen. Damit mußte er ein paar Jahre warten. Dann hing er ihn auf und meinte bei einem Besuch von mir, da ginge nichts rein. Jetzt hätte er ihn wieder abgehängt und in den Keller gestellt.

»Bring ihn mal her«, sagte ich, »vielleicht sind Flöhe drin.« Er ging und brachte ihn, ich machte die Klappe auf, und da drinnen in dem Nistkasten war ein Kohlmeisennest mit zwölf Eiern. »Ist doch was drin«, meinte ich. »Hättest besser reingeschaut, bevor du ihn in den Keller gestellt hast!« Die Eier waren natürlich kalt und hinüber. Werner schaute ein bißchen komisch. Und sagte: »Also sowas. Jetzt häng ich ihn wieder auf.«

Die Goldfische wurden aber damals gleich in den Teich entlassen, freuten sich der neuen Umgebung und brachten Leben in die sonst noch sehr kahle Wasserlandschaft. Es mußte alles erst noch werden und wachsen.

Ein anderer Gast brachte auch Lebendiges mit. Der war Angler. An Teichen, aber auch auf der Hochsee. Er brachte einen, e i n e n, jungen Flußbarsch, kaum länger als ein Kleiner Finger. Nachdem dieser genügend von allen Anwesenden bestaunt und besichtigt worden war, setzten wir ihn am oberen Ende des Bächleins in Freiheit, konnten noch beobachten, wie er langsam bachab schwamm, aber dann verlor er sich mit seiner tarnenden Streifenzeichnung und zunehmender Breite des ›Flußlaufes‹ und wurde, im Gegensatz zu den Goldfischen, von keinem mehr gesehen. Damals, vor zehn Jahren.

Richtig niedlich war das kleine Flußbarschbaby gewesen; damals vor zehn Jahren. Fast wie ein Löwenbaby oder ein Grizzlybaby. Sind ja alle zum Schmusen, diese Räuberbabies.

Räuber! Ein Flußbarsch ist ein Raubfisch! Und was für einer. Als Baby frißt er noch Mückenlarven und Tubifex – das ist so ein winziger roter Wasserwurm – ein wenig größer macht er sich über Molchlarven und Kaulquappen her. Und wenn er dann so recht in die Jahre kommt, frißt er andere Fische. Himmel nochmal, sollte es diesen Barsch im Gewässer noch geben? Sollte der das goldfischverzehrende Ungeheuer sein? Ich konnte es nicht glauben.

Diese daumenlangen Fischlein, die uns Buben früher an die Angel gingen und die ich auch in den vergangenen Jahren noch ab und zu im See entdeckte, sie wären bestimmt nicht fähig, einen mindestens gleich großen Goldfisch zu schlucken.

In einem Museum hatte ich allerdings einmal einen Flußbarsch gesehen, der mochte so um die dreißig Zentimeter gehabt haben. In einem Glas mit konservierender Flüssigkeit glotzte er mit toten Augen, senkrecht auf dem Schwanz stehend, zur Decke hinauf.

Solch einer konnte allerdings auch größere Beute verschlingen. Und gefräßig und gierig waren sie, die Raubfische, nicht nur Barsche.

Da hatte es am Wolfgangsee im Salzkammergut einmal einen toten Hecht ans Ufer geschwappt, dem hing der Schwanz einer Seeforelle aus dem Maul. Der Rest davon steckte ihm im Hals und Schlund, und der Forellenkopf schaute schon in den Magen hinein. Der Hecht war erstickt.

Einem zweiten, ebenfalls bereits toten Hecht, sah man zunächst nicht an, warum er ums Leben gekommen war. Er stank schon ein wenig und war zum Verzehr nicht mehr geeignet. Aber ich schnitt ihm trotzdem den Bauch auf, einfach so, aus Neugierde. Und fand in seinem Magen einen Kieselstein von rund fünf Zentimeter Durchmesser. Der war zwar durch Maul und Speiseröhre in den Magen hinein, aber auf der anderen Seite nicht mehr hinausgelangt, hatte sich am Magenausgang festgeklemmt und eine Entzündung hervorgerufen. Daran war der Hecht verendet.

Nun fressen Hechte normalerweise keine Steine, aber sie reagieren auf sich bewegende Beute. Irgendwer mußte den Stein in den See geworfen haben, und der trudelte wie ein schwindsüchtiger Fisch zum Seegrund hinunter. Das sieht der Hecht, schießt drauflos, schnappt den Stein, und das war's.

Also, was denn jetzt? Ein kleiner Barsch im Teich konnte kein Unheil stiften. Einen größeren hätte man eigentlich manchmal sehen müssen. Gab es ihn, oder gab es ihn nicht? Ich beschloß, daß es ihn gab.

Ein paar Wochen später traf ich Heidrun wieder. Wir rannten uns fast um in der Stadt. »Hallo«, sagte sie, »stell dir vor, ich hab's!«

»Was«, fragte ich.

»Das Monster«, sagte sie.

»Der Barsch«, sagte ich.

»Woher weißt du?«

»Na ja, damals, vor zehn Jahren, da hat doch der, der Dingsda, den kleinen Flußbarsch bei der Einweihungsparty in den Teich gesetzt. Ich hab mich daran erinnert.«

»Du hast dich richtig erinnert. Ich kauf' da neulich einen Koi (vor über zweitausend Jahren in Japan gezüchtet), sauteuer, vierzig Mark und nur ein paar Zentimeter lang, setz' ihn in den Teich, und kaum ist er drin, kommt so ein Riesenvieh mit einem Riesenmaul aus dem Untergrund, und weg sind vierzig Mark. Einfach so: schnapp!«

Ich war beeindruckt.

Heidrun sagte: »Ich habe mich überall klug gefragt, was man da machen kann. In Anglergeschäften, bei Angelvereinen, beim Tierschutz. Sie konnten mir alle keine Auskunft geben.«

»Das krieg ich schon«, sagte ich. »In allen Lagen, Otto fragen.«

»Wie«, sagte sie.

»Weiß ich auch noch nicht.«

Sie hatten uns gerade eingeladen. Zu einem Sommerabendfest in ihr Haus und in ihren Garten mit dem Gewässer. In vierzehn Tagen.

»Ich mach das schon«, sagte ich. Dann trennten wir uns.

Ich überlegte heftig. Viel Erfahrung im Angeln hatte ich nicht. Als Bub fing ich Barsche, Brachsen auch ein paar, diese grätigen nach Schlamm schmeckenden Fische. In Nordamerika angelten wir im Winter Barsche. Dickes Eis auf den Seen. Wir bohrten Löcher hinein, ließen den wurmbestückten Haken hinunter und zogen fingerlange Barsche heraus. Filetiert und auf Toast mit Butter schmeckten sie köstlich. Seither träumte ich von Barsch auf Toast.

In der hintersten Ecke meines Jagdschrankes mußte noch eine Angelrute stehen.

Es konnte doch kein Kunststück sein, einen alten Barsch aus einem Gartenteich zu angeln!

Zuhause nahm ich den Jagdschrank in Augenschein, entfernte Flinte, Büchse, Kleinkaliber und einige andere grün angehauchte Dinge und fand die Angel. Sie war ohne Schnur und Haken. Die leere Rolle quietschte beim Drehen. Ich ölte sie, kaufte Schnur und Haken, brachte meine Rute auf Vordermann und war gerüstet.

Fehlte nur noch ein dicker, saftiger Regenwurm. Den hatte ich schnell am Morgen im Tau auf der Wiese.

Ich rief Heidrun an. Sagte, ich komme zur Party, früher als die andern Gäste, und dann probieren wir's. Sie gluckste herum ins Telefon.

Na gut, der Partyabend kam. Meine Frau und ich waren entsprechend angezogen. Die Angelrute paßte nicht so ganz dazu. Aber los jetzt.

Wir waren die ersten Gäste, was ja auch geplant war. Gingen durch den Garten hinunter zum Gewässer, in dem doch noch einige Goldfische schwammen, gut sichtbar.

»Wo ist denn das Ungeheuer«, fragte ich, weil außer den Goldfischen nichts zu sehen war. »Für gewöhnlich«, sagte Werner, »hält es sich unter dem Steg auf.« Ein Steg. Tatsächlich. Vom Ufer aus gab es einen Steg in diesen Minipool. Und dann war in den Boden noch ein Betonring eingelassen, zwei Meter tief, damit die Fische im Winter da eine frostfreie Stelle hatten und überleben konnten. »Oder dort unten«, sagte Heidrun.

Fröhlich schwammen einige Goldfische, ziemlich große, die dem Barsch wohl nicht mehr ins Maul paßten, über der Untiefe. Mir war klar, daß, sobald ich den Haken mit dem Wurm ins Wasser geben würde, einer davon anbeißen würde. Und so war es dann auch. Ich, nicht gerade im Frack, aber doch anständig angezogen am Ufer, ließ den Wurm zu Wasser und hatte im nächsten Moment einen Goldfisch am Haken.

»Mist!« Der Haken saß lose im Goldfischmaul und ließ sich leicht entfernen. Goldfisch wieder in den Teich. Keiner hatte es gesehen. Werner kam, und ich sagte: »Ich brauch mal Fischfutter, muß diese dämlichen Goldfische beiseite schaffen!« Und Werner brachte mir so ein Gebrösel. Das verteilte ich an der Oberfläche, worauf die Goldigen eifrig schnappten und sich vom Ort des Geschehens entfernten. Ganz nach außen zum Teichrand hin.

Schmatzend schlürften sie das Trockenfutter von der Oberfläche in ihre Mägen.

Der, der es eben nicht hatte abwarten können und meinen schönen Regenwurm um die Hälfte verkürzte, war beleidigt und schwamm in die andere Richtung davon. Er würde einige Tage lang auf Würmer freiwillig verzichten.

Ich fädelte die verbliebene Wurmhälfte neu auf den Haken, und meine Hände rochen schon stark nach Wurm und Fisch. Nicht unbedingt ein Partyparfum. Dann betrat ich den Steg und ließ den Köder sanft zu Wasser. Nichts passierte. Unter dem Steg war der Barsch nicht. Dreimal zog ich die Schnur hin und her.

Nichts. Dafür kamen die Goldfische wieder näher.

»Schmeiß noch eine Handvoll dort drüben rein«, sagte ich zu Werner. Er tat es, und die Fische machten kehrtum. Jetzt wechselte ich den Anstand und ging dort ans Ufer, wo ich mit der Rute bis zur Teichmitte reichen konnte, über den Betonring, in dem es dunkel und absolut undurchsichtig in die Tiefe abfiel. Mein bewurmter Haken versank an der einen Innenseite des Ringes ins Nichts. Nichts.

Drei Zuschauer standen auf der Wiese und grinsten sich einen ab. Ich fing an, nervös zu werden. Meine Jägerehre stand auf dem Spiel. Jagd auf den Fisch ist auch eine Jagd, jawohl doch. Schnur hoch, Köder geprüft und auf die gegenüberliegende Seite des Gewässers wechseln, um den anderen Tiefenbereich zu testen. »Gib's auf«, meinte Heidrun, »die Gäste kommen.« Meinetwegen, sollten sie doch kommen. Wieder glitt der Köder in die Versenkung. Ich konnte ihn gerade noch sehen. Da schob sich ein Schatten heraus, ganz langsam, ganz Konzentration auf die Beute, an seinem Vorderende öffnete sich ein Mordsmaul, groß wie eine Mokkatasse, schloß sich um den Wurm und – zack! Da hing er an der Angel, ordentlich fest und sicher. Aus dem Wasser heraus damit und über den Uferrand aufs Trockene. Und keiner grinste mehr. Ungläubiges Staunen indes, und dann ein riesen Hallo. »Petri Heil«, sagte jemand.

»Meensch«, sagte Heidrun, »ich werd verrückt!« Werner sagte gar nichts und starrte den Fisch an, als hätte ich soeben einen Marlin an Land geholt.

»Da habt ihr euer Seeungeheuer«, meinte ich nur, ganz lässig, vollkommen Herr der Lage, und löste den Barsch vom Haken, wobei ich höllisch aufpaßte, mit der Hand nicht auf die Rückenflosse zu geraten mit den nadelspitzen Strahlen.

Der Bursche maß vierunddreißig Zentimeter vom Maul bis zum Schwanzende. Ich hatte in meinem ganzen Leben noch keinen Flußbarsch dieser Größe gesehen und schon erst recht nicht geangelt. Aber wo bekommen sie schon Kois und Goldfische beinahe täglich frisch auf den Tisch? Offensichtlich eine wachstumsfördernde Kost.

Heidrun eilte in die Küche, ich mit dem Fisch hinterher. Natürlich durfte ich ihn behalten, es war meiner, ich konnte ihn haben. Nicht nur den Aufbruch.

Nachdem ich mit einem scharfen Messer den Fischbauch aufgeschlitzt hatte und die Innereien herausgeholt, untersuchte ich den Magen. Er war leer, absolut nichts im Magen. Kein anderer Fisch, kein Wurm, nicht einmal ein Wasserfloh. Was Wunder, daß er gebissen hatte und dem fetten Brocken, der ihm da vor das Maul baumelte, nicht widerstehen konnte. Vermutlich mußte er die für ihn nun doch zu großen Restgoldfische in den vergangenen Monaten begehrlich aus der Tiefe seines Versteckes heraus betrachtet haben.

Inzwischen waren die anderen Gäste eingetroffen, und die Geschichte machte ein paarmal die Runde um den Tisch, bis die Gespräche zu anderen Ufern entglitten. Spät nachts fuhren wir mit meinem Fisch nach Hause.

Am nächsten Tag kaufte ich Toast, holte Butter aus dem Kühlschrank und eine Pfanne aus dem Fach. Bald bruzzelte der Barsch, paßte kaum hinein, der Schwanz hing über den Pfannenrand. Fünf Minuten von rechts, fünf von links gebraten, dann war er schon durch.

Es hat mir schon lange nichts mehr so gut geschmeckt wie diese Räuberfilets auf Toast mit Butter.

Der Herr Notar

An einem schönen Herbsttag ging ich mit meinen beiden Hunden über die Felder und entdeckte Kurt, dem der große Hof am Westrand des Dorfes gehörte, neben einem Rübenschlag. Er lehnte an seinem Traktor mit Anhänger, aß ein Brot und trank dazwischen aus der Bierflasche.

Ich ging zu ihm, und wir schwatzten miteinander. Er hatte Sorgen mit seinen Pferden, die Frau war auch krank, und überhaupt war die Landwirtschaft nicht mehr das, wovon man leben konnte. »Ich muß einmal zum Notar und hören, ob ich besser dastehe, wenn ich einen Teil von meinem Boden abgebe«, sagte er. Und mir fiel beim Stichwort ›Notar‹ wieder ein, was ich den Kurt schon längst hatte fragen wollen.

Jedesmal nämlich, wenn ein paar aus dem Dorf zusammensaßen und die Rede auf den Herrn Notar kam, der bis vor einem Jahr hier gelebt und die Bauern beraten hatte, ließ einer den Satz fallen: »Der Herr bringt Segen und gelben Regen«, und die anderen lachten. Ich mochte das zwei, drei Mal gehört haben, konnte mir nichts dabei denken, vergaß aber gleich nachzuforschen, und später kam es mir wieder aus dem Sinn.

Jetzt fragte ich Kurt nach dem für mich rätselhaften Ausspruch. »Ja hast das auch schon gehört«, sagte er, »das war eine saukomische Geschichte vor ein paar Jahren. Wenn du heute abend rüberkommen magst zu mir, dann erzähl' ich sie dir. Jetzt muß ich Rüben roden und sehen, daß ich fertig werde.« Ich versprach, zu kommen und stapfte mit meinen Hunden davon.

Am Abend saßen wir dann in seiner Stube mit dem riesigen Aquarium mittendrin, das total veraltet war und in dem einige magere Stichlinge ein kümmerliches Dasein fristeten. Am Boden stapelten sich Bücher und Zeitschriften, zu deren Durchsicht und Lektüre Kurt wohl niemals kommen würde. Und am Fensterbrett standen einige blaßhäutige Gewächse, denen ganz entschieden Sonne und Dünger fehlten. Aber sonst war es recht gemütlich, das Bier gut gekühlt und die von Kurts Frau geschmierten Brote schmeckten fabelhaft.

Nachdem wir uns gestärkt und über Kurts Probleme mit seiner Landwirtschaft geredet hatten, wollte ich hören, was es bei dem Segen und gelben Regen für eine Erklärung gab und forderte Kurt auf: »Schieß mal los!«

Wollte ich nun seine Version der Geschehnisse hier niederschreiben, dann dauerte dies entschieden zu lange, und so verpacke ich sie in meine eigenen Worte.

Der Herr Notar war ein gottesfürchtiger Mann und ließ dies neben regelmäßigen Besuchen der Dorfkirche noch dadurch erkennen, daß er bei jeder sich bietenden Gelegenheit einen frommen Spruch aufsagte. Für die Leute aus dem Dorf tat er, was er konnte, und sie mochten ihn, wenn sie auch nicht immer hinter seine juristischen Schliche sehen konnten. Einen Jagdschein besaß der Herr Notar auch. Durch eine wahrhaft göttliche Fügung mußte er in den Besitz des grünen Papieres gekommen sein, denn so ein Jäger aus ganzem Herzen war er nicht, und treffen konnte er auch nicht.

Aber bei der alljährlichen Drückjagd war er dabei, und jeder wußte von vornherein, daß er nichts dazu beitragen würde, die Strecke um ein Stück Wild zu vermehren. Sei's denn.

Es war dann wieder einmal so weit. Drückjagd im Gemeindewald am achtzehnten Dezember. Schon Tage vorher gab es Regen und Schnee, kalten Wind, Matsch und Pampe. Nicht eben das ideale Jagdwetter. Der Notar fror leicht und mochte es nicht, überlegte, ob und wie er mit glaubhafter Entschuldigung absagen könnte, hoffte dann aber doch, endlich einmal auf etwas zu Schuß zu kommen. Den Ehrgeiz immerhin hatte er.

Am Jagdtag goß es in Strömen, und die Temperatur lag bei wenigen Graden über Null. Dazu blies ein steifer Wind aus Westen. Scheußlich. Man traf sich zum Frühstück im Dorfkrug. Da war es noch warm. Draußen dann auf dem Ackerwagen, der die Schützen zu ihren Ständen brachte, wurde es schon weniger heimelig. Der Wind pfiff ihnen ins Gesicht, und der Regen kam waagrecht. Der Notar, vermummt von unten bis oben, hockte zwischen seinen Jagdgesellen und haderte mit sich und der Welt, sehnte sich nach seiner Amtsstube und einem heißen Tee.

Einer nach dem anderen kletterten die Schützen vom Wagen,

um sich bei ihren Ständen so gut es gerade ging einzurichten. Zuletzt waren nur mehr drei auf dem Wagen und der, der die Stände wußte und jedem der Schützen bekanntgab, was er bekanntgeben mußte: Mit den Nachbarn verständigen, geschossen werden darf vor dem Anblasen, den Stand bitte nicht vor dem Abblasen verlassen, die Treiber kommen von da, Folge ist dort. Das Übliche also.

Der Wagen hielt am Waldrand, vor dem ein großes, kahles Maisfeld lag, das hinüberreichte bis zum Staatsforst. Etwa in der Mitte der beiden Waldränder war ein Birkenwäldchen von etwa hundert mal sechzig Meter im Geviert.

»Alles absitzen«, sagte der Ansteller und zum Notar: »Herr Notar, Sie gehen da über den Acker bis zu den Birken. Ihr Stand liegt ums Eck. Er ist markiert«, und schickte ihn los. Der wickelte sich tiefer in Schal und Kragen, zog sich den Hut fest auf die Stirne und stapfte davon. Der nächste blieb, wo sie standen. Der dritte wurde hinter dem Notar hergeschickt, um seinen Stand dort einzunehmen, wo es beim Birkenwäldchen nach etwa fünfzig Metern ums Eck ging. Das allerdings bekam der Notar nicht mit. Der Ackerwagen fuhr mit dem letzten der Mannen davon. Wie der Notar nun über den Acker weg ist und die Birken erreicht, geht er an ihnen entlang, biegt dann um die Waldecke und findet seinen Stand. Ein Stück weiter sieht er eine Kanzel. Am Stand fährt ihm der Wind genau von vorne über den blanken Acker ins Gesicht und deckt ihn ordentlich mit Regen ein. Die blattlosen Birkenstämmchen bieten keinen Schutz.

Stand hin oder her, denkt sich der Mann, hier hole ich mir, wenn der Herrgott mir gnädig ist, im besten Fall eine Lungenentzündung und schielt nach der Kanzel. Da oben wär's trocken und windgeschützt. Kurz entschlossen und in der Annahme, er sei hier draußen alleine und die anderen seien weit weg, geht er weiter und steigt die Kanzelleiter hinauf. Keiner sieht's, denkt er, und liegt damit falsch, weil nämlich der, der sich ums Eck eingeschoben hat, haargenau sehen kann, wie sich die vermummte, dunkle Gestalt zur Kanzel hinaufarbeitet.

Sie ist von ihm vielleicht siebzig Meter weit weg in Luftlinie und durch die Birken zu beobachten.

So weit, so gut. Vermutlich hätte sich auch manch anderer Jäger bei diesem Sauwetter an einen geschützten Ort verzogen in der

Meinung, er sei der einzige weit und breit. Zum Waldrand hinüber, wo sie abgesessen waren, betrug die Entfernung rund zweihundert Schritte.

Mit der Aussicht, die kommenden Stunden im Trockenen sitzen zu können, erreichte der Herr Notar die kleine Plattform vor der Kanzeltüre, öffnete diese, indem er den hölzernen Hebel, der sie verschlossen hielt, nach oben drehte und trat ein. Da packte der Wind die Türe, und – rumms – krachte sie zu, der Hebel fiel durch die Erschütterung herum, und der Notar saß in der Falle.

Er rüttelte ein paarmal, aber erreichte damit nichts. Kein Grund, sich aufzuregen, dachte er sich, nach dem Abblasen, wenn der Wagen kommt, muß ich halt rufen, dann wird mich schon einer abholen. Zwar würden dann bald alle wissen, wo er eingeschloffen war, aber was soll's, damit konnte er leben. Auf jeden Fall fror er nicht. Und er machte es sich auf der Holzbank bequem, knöpfte den Mantel auf und stellte den Drilling griffbereit in die rechte Ecke. Und dann probierte er die Fensterklappen aus. Die vordere ließ sich öffnen, die linke auch. Die rechte quietschte ganz fürchterlich, und die hinter ihm zum Wäldchen klemmte und war nicht einen Millimeter zu bewegen. Von dort würde sowieso nichts anwechseln, weil der Wind in die Birken hineinblies. Denkt er und liegt damit wieder falsch, wie wir bald lesen werden.

Zunächst einmal schaut er abwechselnd rechts, links und vorne durch die Fenster, auch einmal nach hinten, aber das ist ziemlich mühsam, weil er sich arg verdrehen muß dabei. Und gute Sicht hat er nirgendwo, weil die kleinen Scheiben ziemlich dreckig sind und der Regen an ihnen herunterläuft. Aufmachen will er sie nicht, das zieht dann durch und durch.

Angeblasen wurde schon längst, ab und zu fällt ein Schuß, aber rund um die Kanzel rührt sich nichts. Auf einmal knallt es rechts ganz nahe, am Waldrand drüben. Dem Notar reißt es den Kopf in diese Richtung, und er sieht gerade noch einen Fuchs auf den Acker rutschen. Der wäre ihm wohl gerade passig gekommen, vorne an der Kanzel vorbei, wenn der Schütze dort geschlafen hätte. Hat er aber nicht. Dann war wieder Ruhe, der Wind ließ nach, aber der Regen kam nach wie vor herunter, wenn auch nicht mehr ganz so dick.

Die Zeit verging, der Herr Notar kaute an einem Brot mit Mettwurst und drehte seinen Kopf nicht mehr ganz so eifrig von einer Luke zur anderen. Und dann hörte der Regen auf, im Westen ahnte man einen hellen Streifen am Himmel.

Wie der Notar sich dann doch wieder einmal umdreht und nach hinten hinausschaut, fallen ihm fast die Augen heraus, und er erstarrt mitten in seiner Verwindung. Da kommt im hohen, gelben Gras unter den Birken ein Hase angehoppelt, schön langsam. Genau auf die Kanzel hält er zu. Dem Jäger schießt es heiß auf, er kommt in die Gerade, macht die vordere Fensterklappe vorsichtig auf und greift nach dem Drilling. Guckt nach hinten. Der Hase sitzt da zwanzig Meter vor der Kanzel und macht einen Kegel. Er sieht nicht so aus, als würde ihn irgendwas aus der Ruhe gebracht haben oder ihm der kaum mehr wehende Wind unliebsame Düfte zutragen.

Wir erinnern uns, daß die hintere Klappe klemmt, da war absolut nichts zu machen. Der Hase hoppelt weiter, näher, ganz dicht heran, und jetzt kann ihn der Herr Notar nicht mehr sehen, weil er unter der Kanzel verschwindet.

Der Drilling ist vorn aus der Klappe, der Schütze kneift schon das linke Auge zu und visiert über den Lauf. Kommt der Hase vorne heraus auf den Acker, dann hat er ihn. Diesmal mit Sicherheit. Der Hase kommt aber nicht, nicht sofort und nicht in den nächsten Minuten. Dem Notar gehen ein paar nicht ganz gottesfürchtige Gedanken durch den Kopf, und er weiß überhaupt nicht, was los ist. Er kann ihn nicht entdecken, so schnell er auch jetzt durch die vier Luken abwechselnd hinausschaut.

Bleibt nur eine Möglichkeit, und zwar die, daß der Hase unter der Kanzel sitzt. Deren Holzbretter am Boden sind im Laufe der Jahre etwas auseinandergerutscht und haben sich verzogen. Also ist da ein Spalt, nicht breit, aber breit genug, daß der Notar, wenn er sich denn tief bückt, durchschauen kann.

Er macht das und wird fast verrückt. Der Hase hat sich tatsächlich direkt unter der Kanzel eingeschoben, liegt da, wo es trocken ist, in seiner Sasse und rührt sich nicht.

Nun ist der Mensch da über dem Hasen, wie schon früher vermerkt, nicht eben der erfahrenste Waidgeselle, und mit solchen Ausnahmesituationen wie dieser, die ihm gerade widerfährt, wird er schon dreimal nicht fertig. Was soll er machen, daß der

Hase dort unten ausrückt, und zwar nicht zu schnell? Soll er warten, bis einer kommt? Das würde aber nach dem Abblasen sein, frühestens, und dann durfte er auf keinen Fall noch schießen. Soll er husten, sich schneuzen, leise pfeifen, ans Holz klopfen?

Der Verzweiflung nahe, schaut er erst noch einmal durch den Spalt. Da sitzt er noch, und es sieht ganz so aus als würde er schlafen. Das tun ja auch Hasen, wenn sie sich ganz sicher fühlen. Der Notar versucht vorsichtig, ob seine Drillingsläufe durch den Spalt passen, aber der ist viel zu eng. Außerdem bliebe vom Hasen nichts Verwertbares über, bei einem Schuß aus dieser Nähe. Und während er vor Nervosität von einem Bein aufs andere tritt, bildlich gesehen jedenfalls, meint er schon jeden Augenblick das Abblasen zu hören. Zeit dafür ist es inzwischen. Sie vergeht, und jetzt wird der Herr Notar wirklich zappelig, weil ihn die Blase drückt vom Tee am Morgen und dem Bier im Dorfkrug kurz danach. Der Jüngste ist er schließlich auch nicht mehr. Also auch das noch.

Es drückt ihn bald derart, daß er nicht mehr an das Jagen und den Hasen denken kann, sondern nur noch an das Eine, bis er die Hose aufknöpft und, erleichtert aufatmend, durch den Spalt im Boden abläßt.

Den Hasen katapultiert es aus seiner Sasse, weniger der Feuchtigkeit wegen, die ihn so plötzlich traf, vermutlich, sondern wegen des ihr anhaftenden Geruches. Er schoß nach rechts am Birkenrand entlang davon, um die Ecke, lief dem dort weiter hinten sitzenden Schützen genau vor die Flinte und kam zur Strecke.

Der Notar hätte sehr wohl auch seine Chance gehabt, als der Hase nach rechts ausbrach, wenn, ja wenn er mit seiner Entsorgung schon fertig gewesen wäre. Er war da aber noch mittendrin, mit gebundenen Händen sozusagen und mit dem Drilling in der Ecke. Nachdem alles erledigt war, sank er resigniert auf die Bank, wissend, daß er eine einmalige Gelegenheit vertan hatte.

Bald darauf klang ein Horn. Hahn in Ruh! Der Notar sah, wie der Schütze am Waldrand drüben auf das Feld trat und seinen Fuchs einsammelte, räumte in der Kanzel zusammen, schloß die beiden offenen Luken und rief so laut er konnte durch die rechte:

»Hallo – hallo, hierher!« Zugleich bemerkte er den anderen Schützen, den er eigentlich auch dort am Waldrand vermutet hatte, der soeben um die Ecke gekommen war und auf die Kanzel zuhielt, den Hasen an den Hinterläufen in der Hand. Aus dem Fell tröpfelte es gelblich. Und das war dem glücklichen Schützen nicht entgangen, als er den Hasen ausdrückte. Nur hatte er sich zunächst nicht viel dabei gedacht.

»Komm rauf und laß mich raus«, rief der Notar hinunter, »der Hebel ist umgefallen, ich krieg die Tür nicht auf von innen!« Der andere legt ab und steigt hinauf, dreht den Hebel nach oben und macht die Türe auf. »Ist Ihnen der Has' nicht gekommen«, fragte er, »der muß doch direkt an der Kanzel vorbei sein!«

»Was heißt vorbei sein«, bricht es dem Notar über die Lippen, »da unten, senkrecht unter der Kanzel ist er gesessen, eine halbe Stunde lang, oder was weiß ich, noch länger. Nicht vor und nicht zurück hat er sich bewegt!«

»Und dann?«

Der draußen auf der Plattform sieht jetzt die Pfütze am Kanzelboden – die Spalte war ja schmal – und fragt weiter »Hat's reingeregnet?« Und der Notar, dem sowieso alles egal ist inzwischen und der auch nicht so gut lügen kann und auf die Schnelle eh nicht, gibt ihm die Antwort.

»Himmelherrgottnochmal, ich hab's Wasser nicht mehr halten können, und die Tür ist ja nicht aufgegangen, daß ich rauskönnen hätt'.« Mochte ihm der Gütige diesen Ausrutscher verzeihen, das eine Mal.

»Brauchst nicht zu lachen, mich hat es fast zerrissen, erst wegen dem blöden Hasen und dann – na ja eben deswegen!«

Natürlich mußte der andere lachen, er hatte sich inzwischen die Geschichte zusammengereimt. Das darf nicht wahr sein, dachte er, das gibt es einfach nicht. Wenn er das am Abend nach dem Schüsseltreiben erzählte, würde es alle von den Stühlen hauen. Nur hatte er da eine etwas voreilige Rechnung aufgestellt. Der Herr Notar mochte ja jagdlich nicht so ganz fit sein, aber ansonsten hatte er durchaus Köpfchen. Und er ahnte, was in seinem Gegenüber vorging.

»Jochen«, sagte er deshalb, »wenn du von der Geschichte nachher auch nur ein Sterbenswörtchen herausläßt, dann kannst dir deine Steuererklärung an die Wand nageln!« Die lag nämlich beim Notar auf dem Schreibtisch, und der hatte sofort gesehen, daß sie durchaus nicht astrein war. Dafür kannte er seine Bauern viel zu gut und hatte einen schnellen Blick dafür, wo die Zahlen nicht ganz stimmten.

Der Jochen nickte nur, lachte auch nicht mehr, durchdachte blitzschnell das Für und Wider und kam zu dem Schluß, daß er besser den Mund hielt. Das Finanzamt mochte er nicht auf den Hals bekommen. Also nichts mit dem Spaß heute abend. Später vielleicht einmal, wenn das mit den Steuern erledigt war.

Und natürlich hatte er die Geschichte dann erzählt. Sie machte schneller im Dorf die Runde als man denken konnte. Nur, wann und von wem der Spruch aufgekommen war: »Der Herr bringt Segen und gelben Regen«, das wußte Kurt auch nicht mehr. War dann ja auch egal.

Aber berichtet hat er es mir genau so, umständlicher freilich, weitschweifig und ausgeschmückt bis ins letzte. Damals am Abend bei ihm Zuhause. Die Bierflaschen waren dann leer, der Brotkorb auch. Ich fragte noch: »Ist das wirklich wahr gewesen?« Und Kurt darauf: »Ehrenwort!«

Der Zuckerlbock

Von der Bank vor dem kleinen, aber gemütlichen Haus, das der Schorsch sich ein paar Jahre nach Kriegsende gebaut hatte, konnte man über eine leicht sich absenkende Wiesenfläche hinübersehen zum Wald. In diesem südlichen Teil des Staatsforstes standen noch einige uralte und gewaltige Eichen, zu denen hin die Leute aus dem Dorf und die, die an manchen Wochenenden aus der nahen Stadt kamen, gerne einen Spaziergang machten. Ein Wanderweg verlief teils um den Forst, teils in ihm. Ein Rundweg, auf dem man, vom Landesteg der Dampfschiffe am See kommend, eine gute Stunde unterwegs war, bevor man das Ufer wieder erreichte.

Die Städter ließen sich anschließend mit dem Boot über den See schaukeln, kehrten anderenufers noch im Wirtshaus ein, bevor sie mit Bahn oder Auto zurück nach Hause fuhren.

An der Waldgrenze, die von Schorsch's Haus aus zu sehen war, führte der Weg im Inneren. Vielleicht vierzig Meter vom Waldrand entfernt, bog er dann, bevor der Wald endete, nach Norden ab und verlief parallel der Waldgrenze weiter. Einen halben Kilometer später ging er hinaus auf die Felder und von dort hinunter zum See.

Die Wiesen und Kleeäcker zwischen dem Haus und dem Wald gehörten zum Dorf und zur Gemeindejagd, und zwar genau bis zu dem Graben, der vom Waldeck her auf das Dorf zulief. Jenseits dieses Graben lagen ebenfalls Wiesen und Weiden, ein paar Getreideflächen und ein Stück schlecht zu bewirtschaftendes Feuchtland. Und das gehörte zur Nachbargemeinde, die die Jagd an einen Doktor aus der Stadt verpachtet hatte, einen Zahndoktor, wie die Leute sagten.

Der Graben, im Winter und Frühjahr voll Wasser und im Sommer meist trocken, war also der Grenzgraben und wurde als solcher, selbstverständlich, respektiert. Die Jagdparteien hatten sich schon vor Jahren ohne viel Federlesen geeinigt, daß Wild, wenn es mitten im Graben verendete, ohne langes Fragen beim Nachbarn vom Schützen geborgen werden durfte und ihm auch zustand.

Das galt sowohl für Hasen, Hühner und Enten als auch für Rehe. Und anderes gab es nicht.

Unter den Jägern aus der Gemeinde, neben dem Bürgermeister, dem Arzt und dem Gendarmen vorwiegend Bauern, hatte der Schorsch das Sagen. Als ältester und erfahrenster nahm er das Amt des Jagdobmannes ein, und alle waren damit einverstanden. Es gab erstaunlicherweise nie Streit bei den manchmal recht sturen Bauernschädeln, aber Schorsch blieb auch immer gerecht, besonders, wenn es um die Zuteilung der jährlich zu schießenden Böcke ging. Reihum durch die Jahre bekam jeder Jagdberechtigte einmal einen sehr guten Bock frei, dann mußte er einige Zeit warten, in der er Abschußböcke, Geißen und Kitze zu erlegen hatte. Klappte es mit dem guten Bock nicht, war das Pech. Ganz einfach.

Damals, als die im Nachbardorf noch nicht die Jagd verpachtet hatten, blies man einmal im Spätherbst zum gemeinsamen Treiben. Getroffen wurde dabei wenig, geschossen mehr und am meisten getrunken. Das Ganze war eher ein Dorffest. Gar nicht selten fiel einer in den randvollen Grenzgraben und mußte triefend den Heimweg antreten, und ein paar Schrotkörner trafen regelmäßig auf Lederhosen oder gamaschenumwickelte Waden. Ernsthaft zu Schaden gekommen ist dabei niemals einer.

Mit dem jetzigen Jagdpächter, dem Zahndoktor eben, verband die Dörfler ein recht gutes und über die Jahre gefestigtes jagdnachbarliches Verhältnis, aber Gemeinsames hatte man nicht im Sinn.

Ich lernte den Schorsch kennen, als ich ihn aufsuchte, um ihn zu bitten, auf seinen Wiesen für einige Wochen ein Zelt aufstellen zu dürfen, aus dem heraus ich Kiebitze beobachten wollte. Einen Jagdschein besaß ich damals noch nicht, war aber durch meinen Onkel bereits ziemlich kräftig mit dem Jagdvirus infiziert.

»Der Schorsch, ich mein' der Reither Georg, wohnt da hinten in dem kleinen Häusl am Dorfrand, wo's zum Wald hinausgeht, den müssen S' fragen«, gab mir die Inhaberin der Bäckerei neben der Dorfkirche Auskunft, bei der ich mich nach dem Eigentümer der Wiesen erkundigt hatte. Mit einem Dank verließ ich sie. Das Haus fand ich leicht, klopfte an die Tür, es rührte sich nichts. Also ging ich herum zur Hinterseite, und da saß der Reither Georg auf seiner Bank, rauchte eine krumme Pfeife mit einem Deckel darauf, den Hut neben sich auf der Bank, einen Maßkrug auf der anderen Seite und schaute so versonnen vor sich hin, wie nur alte Bauersleut' nach getaner Arbeit schauen können.

Ich sagte grüß Gott, und wer ich war und was ich von ihm wollte auch, er hatte nichts gegen mein Zelt und meine zeitweilige Anwesenheit auf seiner Wiese und fragte dann: »Wollen S' auch ein Bier?«

»Gern, ja!«

Er ging ins Haus und kam gleich wieder mit einem zweiten Krug, Schaum obendrauf und kühl, und dann kamen wir ins Reden über dies und das und irgendwann auch auf die Jagd.

»Jagen S' auch?«, fragte er, und ich: »Naja, so ein bisserl, hintenherum sozusagen, Jagdschein hab' ich noch keinen, aber mein Onkel hat ein Revier in Österreich, und da darf ich dann schon einmal einen Hasen...«

»Einen Hasen«, meinte er fast mitleidig, »wissen S', a Hos is halt nur a Hos, der is für die Gaudi, aber wenn S' erst einmal einen richtigen Rehbock schießen dürfen, Ihren ersten, dann beutelt es Ihnen fast das Hemd 'runter!«

Zwar war ich von einem Bock noch weit entfernt, aber vorstellen konnte ich mir das schon, wie es mich beuteln würde, wenn. »Wollen S' meine G'wichtln mal sehen?«

Wir gingen ins Haus, und in der guten Stube links und rechts neben dem Ofen hingen seine G'wichtln. Wie bei meinem Onkel. Einen Anflug von Vorstellung hatte ich daher schon, was ein ›Guter‹ und was ein ›Geringer‹ war, und meine Augen blieben an einer Trophäe hängen, die weder gut noch gering, sondern einfach umwerfend war. Ein Sechser, hochauf, mit starken Perlen bis in die Mitte, langen Enden mit weißen Spitzen und Rosen wie Untertassen.

»Der hat a G'schicht«, sagte der Reither, »wenn S' wiederkommen nächste Woch' mit Ihrem Zelt, dann erzähl' ich sie Ihnen. Jetzt muß ich in den Stall zum Melken, beim Nachbarn drüben!« Und gab mir die Hand und ließ mich hinaus in den Abend.

Bei meinem Onkel hing ja auch ein ganz kapitaler Bock. Den hatte er in der Hohen Tatra erlegt, so in den dreißiger Jahren muß das gewesen sein. Der war noch ein gutes Stück höher und stärker als der vom Reither, mit längeren Enden auch. Für mich lag die Tatra irgendwo verborgen im Dunkel des fernen Ostens, belebt nur durch die Erzählungen meines Vorbild-Jägers, dem Onkel eben.

Von Wölfen berichtete er, von Bären mit Pranken, die einen Stier umhauen konnten, von Sauen, groß wie Klaviere. Die Geweihe der Hirsche mußten eine Auslage haben, daß sie kaum damit zwischen den Stämmen der Urwälder durchkamen, und die Rehböcke waren eben Kerle, wie dieser, sein stärkster, sein Lebensbock. Am Morgen kam er auf ihn zu Schuß, weit oben in den Bergen und hatte ihn dann im Rucksack hinuntergebracht zur Hütte des Jagdaufsehers, bei der er erst am späten Abend eintraf. Dann wurde der Bock bestaunt und totgetrunken, und an dieser Stelle seiner Erzählung bekam mein Onkel jedesmal feuchte Augen. Als ich noch kleiner gewesen war, hatte ich immer gemeint, das läge daran, daß mein Onkel so schwer hatte schuften müssen, um den Bock ins Tal zu bringen, oder vielleicht auch daran, daß er sich jedes Mal wieder von neuem freute über die prächtige Trophäe.

Einige Jahre später erst wußte ich den eigentlichen Grund. Da war ich von ihm inzwischen auch noch über ein paar andere Geheimnisse des Lebens eingeweiht worden, nicht nur in die der Jagd und des Jagens. Der Jagdaufseher muß ein arg hübsches Töchterlein gehabt haben, das wohl auch dem stattlichen Chirurgen aus der großen Stadt Wien nicht ungern um den Bart ging und seine dunklen Augen blitzen lassen konnte, daß es ihm ganz schwummrig geworden ist. Und hatte ich früher bei Bär und Bock und Sau die Ohren gespitzt und keinen Muckser gemacht, wenn der Onkel sprach, so jetzt, wenn er von der Schönen seine Brotzeit vorgesetzt bekam. Leider ging die Geschichte niemals weiter.

Beim Reither Georg hatte ich nichts Weibliches im Haus entdeckt, es gab auch nichts, aber ich fand mich wieder bei ihm ein.

»Also, paß auf«, sagte der Schorsch – wir waren inzwischen beim Du angelangt, das geht in Bayern ziemlich schnell, wenn

man sich versteht – »das war also so. Mogst noch ein Bier?«
»Ja bitte!«
»Also, das war nämlich so, daß wir den Bock da gut gekannt haben. Alle, wir im Dorf und der Zahndoktor auch. Der Bock war schon im dritten Jahr ein Mordsbock und ist immer bei uns auf die Wiesen herausgekommen aus dem Staatsforst.«
»Immer bei euch«, fragte ich.
»Immer. Unser Klee schmeckt besser.«
»Und dann?«
»Dann hat der Zipfer Hans einen guten Bock frei gehabt und ist auf den Sechser gegangen. Hat ihn gefehlt, hat ihm unter den Bauch geschossen, daß ihm der Dreck auf den Pansen gespritzt ist. Im nächsten Jahr, da war er noch besser, der Bock, war der Hias dran. Der hat ihm auch aufgepaßt und ihn auch gefehlt. Das hat der Bock dann übelgenommen und ist auf unserer Seite nicht mehr herausgekommen.«
»Wo ist er hin?«
»Zum Nachbarn, dem Zahndoktor. Drüben, überm Grenzgraben. Da war's sicherer und ruhiger, weil der Doktor nur an den Wochenenden herausgekommen ist.«
»Und?«
»Und dann war ich an der Reihe mit einem guten Bock und hab mir überlegt, wie ich an den Sechser, der inzwischen ganz schön hoch aufgehabt hat, drankommen kann. Weil der sich nicht mehr bei uns hat blicken lassen.«
»Nur noch beim Zahndoktor.«
»Genau.«
»Und?«
»Also, paß auf. Ich hab mir gedacht, du mußt dem Bock verleiden, daß er dort zum Nachbarn hinausgeht. Da muß es stinken, damit er umkehrt und bei mir rauskommt. Also bin ich auf dem Weg, dem Wanderweg, hin und her gerannt. Das hat den Bock aber nicht gestört, weil da so viele Leute herumrennen, daß ihm das völlig wurscht war. Das hat er gekannt, das Stinken von denen.«
»Und das von dir«, sagte ich.
»Genau. Ich hab mir auch gesagt, du kannst da nicht immer an der Grenze zum Nachbarrevier herumstreunen, das macht böses Blut, wenn dich der Nachbar oder sein Aufseher dabei erwischt,

der den Bock ja auch haben möchte, dann gibt das einen Ärger, einen saumäßigen, und den wollen wir hier nicht!«

»Also?«

»Hab' ich mir überlegt, es muß doch etwas geben, das der Bock nicht so gut kennt, wie den Gestank von den Spaziergängern. Etwas Neues. Im Wald. Wo'sn z'sammreißt, wenn er's schmeckt.«

»Und?«

»Ist mir dann schon etwas eingefallen.«

»Was, sag schon.«

»Also, meine Schwester, die hat einen Buben, der ist acht Jahre alt. Den hab ich mir geholt. Zenzi, hab' ich gesagt, ich brauch' deinen Buben heute nachmittag zum Holzmachen. Und zum Buben dann hab ich gesagt: Gehst zum Kramer, holst dir eine Tüte Zuckerln, und dann kommst wieder. Geb' ihm ein paar Mark, und er holt sich das. Freut sich auch. Halts Maul, hab ich gesagt, zu keinem nichts!«

»Und was soll der mit den Zuckerln, und was hat das mit dem Bock?«

»Ich sag ihm, er soll in den Wald gehen mit den Zuckerln, einfach so dahingehen, vor sich hingehen, so gehen halt, die Zuckerln lutschen da an der Grenze zum Zahndoktornachbarn, und soll ganz langsam gehen und immer einmal stehenbleiben und spucken.«

»Spucken?«

»Spucken. Den Saft von denen Zuckerln am Boden spucken. Und wenn er auch einmal Pipi machen muß, soll er das Pipi an einen Baum machen.

Der Bub war ganz glücklich, daß er eine ganze Tüte Zuckerln verlutschen dürfte und einen Nachmittag im Wald herumstrolchen. Gespuckt und auch einmal Pipi gemacht hat er, mehr konnte er nicht herausbringen.

Er ist auf dem Wanderweg hin und her, hat die Zuckerln reihenweise verlutscht und gespuckt auf Teufel komm raus. Dann ist ihm schlecht geworden, er ist heim zur Mutter und erst einmal ins Bett.«

»Und deine Schwester wunderte sich nicht, daß der Bub solche Bauchweh hat?«

»Doch, die Zenzi ist zu mir gekommen und hat gefragt, was war. Mir ist so schnell nichts Gescheites eingefallen, und ich hab' ihr gesagt, wahrscheinlich hat er zu viele Zwetschgen gefuttert!« Schorsch trank einen tiefen Zug aus seinem Krug und stellte ihn wieder auf die Bank. »Da ist sie aber mißtrauisch geworden, meine Schwester, weil die Zwetschgen da an dem Baum, dem da drüben, noch gar nicht reif gewesen sind. Die waren noch so grün und hart, daß man's überhaupt nicht hat essen können. Lüg, mich doch nicht an, hat's g'sagt und ist zornig geworden, sofort sagst mir jetzt, was der Bub 'gessen hat!« Schorsch nahm seinen Krug und meinen, ging hinein, um nachzuschenken und hockte sich dann wieder hin. »Ja mei, ich hab ihr halt dann die ganze Geschichte erzählt, war ja auch wurscht. Es ist ja nicht verboten, daß kleine Buben im Wald herumrennen, Zuckerln lutschen und ab und zu mal ausspucken. Oder?« Ich meinte, nein, verboten wäre das nicht gerade, wenn man es genau betrachtete, eher ein Zufall. »Nur«, sagte ich, »wenn's rausgekommen wäre, daß da einer dahintersteckt, ein Anstifter sozusagen, mit einer, na ja, nicht so ganz sauberen Absicht, dann hätte das schon Ärger geben können, juristisch nicht, aber so, unter den Nachbarn halt!«

»Es ist ja rausgekommen«, sagte der Schorsch.

»Es i s t rausgekommen?«

»Ja, aber zu spät. Der Bock war schon tot. Der ist prompt am selben Abend bei mir da heraus, es war schon fast kein Schußlicht mehr, aber gereicht hat's gerade noch. Wahrscheinlich ist er noch im Wald drinnen hin und her gezogen, nachdem ihm der Wechsel zum Nachbarn hin so gestunken hat, und hat sich überlegt, was macht er jetzt. Dann ist er her und – rumms – hats ihn gehabt!«

»Und wie ist die Geschichte herausgekommen?«

»Mei, wie des so ist im Dorf. Meine Schwester hat sie ihrem Mann erzählt, der seinem Freund und der hat wieder den Jagdaufseher vom Zahndoktor als Spezi g'habt. Und da war's g'schehn.«

»Und wie hat der Zahndoktor reagiert, nachdem er Wind von der Sache bekommen hat? Der muß doch stinksauer gewesen sein.«

»Ja«, der Schorsch druckste so herum, »ja – na, z'erst schon, freilich, weil das wirklich ein blitzsauberer Bock war, kennst ihn ja eh, aber der Doktor hat schon haufenweise Böcke und Hir-

sche und was weiß ich sonst noch erlegt in seinem Leben, und
da hat er den einen da leicht verkraften können. Ich hab' ihm
ein Faß Starkbier spendiert, und er hat gemeint, wenn ich mal
zu ihm zum Zahnziehen kommen würde, dann würde er mir
den Zahn bei lebendigem Leib ziehen. Ohne Spritze. Als Strafe.
Dabei hat er nicht gewußt, daß ich gar keinen Zahn mehr hab'.
Schau her!« Und zog seine Dritten heraus, oben und unten, und
hielt sie mir vor die Nase. Sie waren tatsächlich vollständig.
Ich mußte lachen, und Schorsch schob wieder ein. »Das hab ich
dem Doktor freilich nicht gesagt, gesagt hab ich nur, daß ich
damit einverstanden bin, mit dem Ziehen, und ich würde mich
beizeiten anmelden, wenn mich einer zwickt.« Und nach einer
Pause »weißt, die G'schicht mit den Zuckerln ist gar nichts neues,
die hab ich auch nicht erfunden, das hat mein Großvater schon
so gemacht und mein Vater auch, wenn die ein Stück kriegen
wollten, das partout nicht hergeh'n wollt' zu ihnen ins Revier.
Ich hab das nur vergessen. Und damals ist es mir dann wieder
eingefallen.«
Ich nahm mir vor, das auch einmal auszuprobieren, falls sich in
späteren Jahren die Gelegenheit dazu bieten sollte. Aber gemacht
habe ich es dann nie, weil ich ganz einfach diese süßsauren
Zuckerln nicht ausstehen kann.
»Schorsch«, sagte ich, »nach der Geschichte muß ich mir deinen Zuckerlbock noch einmal ganz genau anschaun« und holte
ihn von der Wand und stellte ihn vor uns auf den Tisch. »Also
Prost und Waidmannsheil!«
»Waidmannsdank«, sagte der Schorsch und »Zuckerlbock, mei,
des ist gut!«

Du Wilderer, ich nicht

Manch einem mag es gehen wie mir, daß er ab und zu an die Zeiten zurückdenkt, in denen die herbstlichen Jagden noch reiche Beute brachten. Hier, in der Umgebung von Braunschweig, ist das Niederwild, die Rebhühner, Fasane und Hasen so rar geworden, daß man sich freut, überhaupt einmal einen einzelnen Vertreter zu sehen. Zwölf, fünfzehn Jahre sind vergangen, seit ich meinen letzten Fasan erlegte.

Damals streiften wir drei Freunde, der Wense, der Brandenburg und ich, manchen Nachmittag durch die Felder, durch Schilfbestände, Rüben und an den Hecken entlang. Ein, zwei gute Hunde dabei, die fleißig und ausdauernd suchten, manchmal noch ein Treiber aus dem Dorf, der einfach seine Freude hatte, mitzulaufen. Langsam und beschaulich die Stunden genießend. Man kannte sich lange, wußte von den anderen, wie sie dachten, wie sie jagten und schossen. Schlecht waren wir alle drei nicht, aber Wense war der Beste, der traf auch noch aus der Hüfte heraus, wenn es sein mußte.

An der alten Bahntrasse ging es entlang, die tief eingeschnitten durch die Feldmark lief und deren beiderseitigen Böschungen mit dichtem Buschwerk bewachsen waren. Kaninchen hatten da ihre Baue, Hasen und Fasane lagen im Schutz des Unterholzes, manchmal auch ein Fuchs. Elstern und Eichelhäher stoben weit vor uns davon. Die waren ja damals auch noch frei.

Zwei von uns gingen unten, rechts und links der Geleise, der dritte oben auf dieser oder jener Seite. Nie brauchten wir uns zu sorgen, einer wäre zu weit voraus oder hinkte hinterdrein, was jeden Schuß gefährlich werden ließ, wir konnten uns aufeinander verlassen. Nur so wird Jagen mit anderen zur Freude und Entspannung und erlaubt auch sichere Schüsse. Wenn ich erst nach vorne und hinten sichern muß, ob da keiner querläuft, ist das Wild schon weit davon und den Schuß nicht mehr wert. Der Hund stöberte meist, Vorstehen hätte hier nicht viel gebracht, machte mal einen Fasan hoch, mal ein Kaninchen oder packte auch einmal eine Katze, die hinter denselben Sachen her war, wie wir. Am Ende des Einschnittes dann, wo die Trasse wieder zu ebener Erde verlief, bogen wir ab zum Fluß hinüber, durchkämmten die Schilfwälder oder stellten uns an, während der Hund in den Halmen hin und her fuhr. Da gingen die Fasane hoch, glänzende Farbgarben im späten Licht des Nachmittags. Wir jagten schonend, ließen so manches durch und davon, es gab ja reichlich. Uns war es auch gar nicht so sehr um das Schießen, wir wollten zusammen sein da draußen, wollten auch schauen und beobachten. Laufen, rasten, dem Hund zusehen, die Wolken wandern sehen und den Wind im Schilf hören.

Brandenburgs Hund war ein Komiker. Wenn er Wild in die Nase bekam, sprang er jedesmal fast einen Meter hoch in die Luft, wedelte dann mit seiner Stummelrute – Kreuzung zwischen Deutsch-Kurzhaar und Pointer –, und erst dann stand er fest vor. Brachte er Beute, hielt er seinen Kopf schief, als hätte er Genickstarre, sah nicht seinen Herren an, sondern schielte in den Himmel und ließ sich das Gebrachte höchst unwillig abnehmen. Danach knurrte er den Brandenburg an, als wollte er ihm gleich an die Kehle.

Wense hatte keinen Hund, ich hatte meine Drahthaarhündin Tatz. Die stand vor wie eine Eins, war aber vor allem absolut sicher auf Spuren von krankem Wild. Dachte ich, ein geflügelter Fasan wäre in genau dieser Ackerfurche nach links davongelaufen, belehrte sie mich eines Besseren, indem sie nämlich in jener Ackerfurche nach rechts nachsuchte und den Vogel fing. Einem kranken Rebhuhn folgte sie durch einen hundert Meter langen Rübenschlag, und einen lahmen Hasen packte sie noch über einen Kilometer im Nachbarrevier.

Wenn wir dann, mit der Beute am Galgen oder im Rucksack, nach Hause trabten, bei Brandenburg einkehrten und rundum zufrieden waren, auch die Hunde nach Fraß und Trank, begannen noch ein paar Stunden mit Erzählen und Diskutieren über Tod und Teufel und den Sinn der Welt. Das waren wohl schöne Tage, die ich nicht missen möchte, die ich aber sehr vermisse. Brandenburg und Wense sind nicht mehr.

Ich war der jüngste gewesen von uns. Das schöne Revier bejagt längst ein anderer. Aber viel wird es dort auch nicht mehr geben.

Ein anderer Jagdtag, ebenfalls in diesen reichen Jahren, ist mir auch gut in Erinnerung. In einem Revier auf der anderen Seite der Stadt ging es in der Hauptsache auf Hasen, die auf den Äckern zwischen den umgebrochenen Schollen lagen. Wir mochten rund dreißig Schützen sein, Treiber dazu und einige Hunde. Wir machten Kessel oder stapften in einer lang ausgezogenen Reihe über den schweren Boden. Die Klumpen an den Stiefeln mußte man alle paar Meter abschleudern, damit man überhaupt noch die Beine hochbrachte.

223 Hasen lagen am Abend auf der Strecke, 15 Fasane und drei Kaninchen. Ich würde es selbst nicht mehr glauben, hätte ich nicht im Jagdtagebuch nachgesehen und die Zahlen dort gefunden. Es sieht heute dort kaum anders aus, die Äcker sind so groß wie sie damals waren, und irgendeine nennenswerte Deckung in Form von Hecken, Brachen oder ähnlichem gab es nie, solange ich die Ecke kannte. Ich glaube auch nicht, daß jetzt mehr Chemie auf die Felder kommt als früher, eher doch weniger. Aber es hat keine Hasen mehr, und die großen Jagden sind vorbei. Was da faul ist, und warum das Niederwild sich nach und nach gänzlich zu verabschieden scheint, in manchen Regionen jedenfalls, weiß keiner so genau.

Möglich, daß wir es nur mit einer natürlichen Schwankung zu tun haben. Aber dafür dauert es mir schon zu lange, die Bestände müßten sich schon merklich erholt haben.

Möglich auch, daß eines zum anderen gekommen ist: Ständige Unruhe durch immer mehr Menschen im Gelände, fehlende Deckung, zu einseitige Nahrung, Chemie im Boden und in der Luft. Ein Lebewesen kann das eine Zeitlang verkraften, aber einmal bricht die Abwehr zusammen.

Nach dem Krieg war eigentlich noch alles in Ordnung, bis Maschinen die Pferde ersetzten, die Chemie den Stallmist und das dauernde Hin und Her auf den landwirtschaftlichen Flächen, wo es vorher Wochen und Monate der Ruhe gab.

So vieles ist anders geworden, fünfzig Jahre haben die Umwelt verändert. Zum Guten gewiß nicht. Trotz allem Mahnen und Warnen. Auch ich habe immer den Mund aufgemacht und deutlich gesagt, so geht es nicht weiter, nur hat es keinen interessiert. Und jetzt packt mich auch langsam das Alter im Nacken. Aber da sitzt auch noch der Schalk, Gott sei Dank.

Fasane zu jagen, das war nicht nur Freude, sie schmeckten auch gut, in der Pfanne gebraten, im Ofen gegart oder sonstwie hausfraulich zubereitet. Lange, eben zwölf oder fünfzehn Jahre, hatte ich diese Köstlichkeit nicht mehr genossen. Fuhr dann einmal vom Harz kommend am späten Nachmittag nach Hause, Braunschweig zu, die Straße war leer, kaum einer unterwegs. Langsam kam die Dämmerung auf. Geschwungene Kurven, leicht zu nehmen, ich pfiff mir ein's und freute mich auf das Heimkommen.

Die Straße verbreitert sich geringfügig, in der Mitte sind so weiße Streifen, Niemandsland sozusagen, eine Insel, die nicht befahren werden darf. Dort liegt ein Fasanenhahn, frisch getroffen von einem entgegenkommenden Fahrzeug, das längst weg ist, zuckt noch einmal mit den langen Schwanzfedern und ist hinüber. Ich sehe das in Sekunden des Vorbeifahrens. Denke, ebenfalls sekundenschnell, das nächste Auto macht ihn zu Fasanenmus, weil keiner so genau auf die Streifen achtet, und, schade um den Braten.

Dann denke ich weiter: Den nimmst du mit! Ich muß umdrehen, finde aber nicht gleich eine Möglichkeit dazu und muß erst einen links liegenden Feldweg abwarten, bei dem ich ein Wendemanöver riskieren kann. Geschafft, ich wende und fahre zurück.

Vor mir taucht diese gestreifte Verkehrsinsel auf, von der rechts eine Straße ins nächste Dorf abzweigt, und da steht am Straßenrand ein grüner Volkswagen. Und mitten auf der Straße steht ein junger Mann, hat den toten Fasan im Arm, aber wie! Wie eine glückliche Mutter ihr Baby! Nur schaut er nicht ganz so glücklich drein.

Ich bin stinksauer. Da ist mir doch einer zuvorgekommen, hat mir meinen Braten weggeschnappt. Was mach' ich denn jetzt? Erst einmal fahre ich an den Volkswagen heran und kurbele das Fenster herunter, das linke. Der Mensch, der sich da unerlaubter Weise den Fasan von der Straße aufgeklaubt hat, steht wie eine Statue und beobachtet meine Annäherung. Er ist blaß, das sehe ich. Er hält den Gockel vor seiner Brust, der lange Schweif hängt herunter, der Kopf schmiegt sich in die Ellenbeuge, und er tätschelt ihn wie eine altersschwache Katze. Dabei ist der Gockel mausetot, aber dabei völlig heil und fit für die Pfanne.

Ich spucke es so richtig heraus aus dem Fenster, Gift und Galle gleich hinterher: »Was haben Sie denn da, was machen Sie denn da mit dem Fasan?« Angriff, totaler Angriff!

»Ja«, sagt der, »den habe ich gerade eben auf der Straße gefunden. Er ist so schön. Sehen Sie mal, die Farben, so schön. Und er ist tot!«

Klar war der tot.

Er streichelt ihn und streichelt ihn!

Himmelsakra, mein Fasan! Und der Hansel da ist mir zuvorgekommen. Jetzt kommt er noch näher an meinen Wagen und fragt mich: »Was soll ich denn mit dem Vogel machen, er ist doch so schön?«

Mensch, wenn du wüßtest wie gut der erst schmeckt, könntest dir die Schönheit auf den Hut stecken. Die Federn zum Beispiel. Stinksauer war ich.

Fragt er mich weiter »was mach ich denn jetzt, den kann man doch nicht einfach wegwerfen und da liegen lassen.«

Nein, kann man nicht, müßte man aber, um nicht zu wildern. Und der streichelt den Fasan immer noch wie eine Puppe. Der Spinner.

»Also«, sage ich, »was Sie da machen, das ist Wilderei, fahren Sie ins Dorf da hinten und fragen Sie nach dem Jagdpächter. Dem gehört der Fasan, nicht Ihnen. Klar?«

»Ja«, sagt er.

Dann kurbele ich mein Fenster wieder herunter und gebe Gas und haue ab und lasse ihn stehen mit seinem dämlichen, toten, frischüberfahrenen, total heilen Fasan. Soll er sehen, wie er ihn los wird.

Ich bin froh, daß ich ihm wenigstens einen Schrecken eingejagt habe, mit dem Wildern und so. Daran wird er zu kauen haben. Dann muß ich schmunzeln, mein Ärger verzieht sich. Wie der Mann da stand und den Fasan im Arm wiegte, völlig konsterniert, daß so etwas Schönes (Fettes, Gutschmeckendes!) einfach leblos auf der Straße liegen konnte, das war schon komisch gewesen. Ein Jäger war er jedenfalls bestimmt nicht.

Ich überlegte mir, was er wohl machen würde, nachdem ich weggefahren war. Ich konnte mir vorstellen, daß er in sein Auto stieg, den Gockel vorsichtig neben sich auf den Sitz legte und tatsächlich ins Dorf fuhr, so, wie ich ihm die Wilderei um die

Ohren gehaut hatte. Da würde er dann eine zeitlang Türen abklopfen, um den Jagdpächter herauszubekommen. Ich hatte selbst keine Ahnung, wer das war. In dieser Gegend kannte ich mich nicht aus damit. Oder würde er ihn doch einstecken, den Braten? Schließlich war ich der einzige Zeuge, wußte aber seinen Namen nicht, und das Autokennzeichen hatte ich mir auch nicht gemerkt. Warum auch.

Und so langsam dämmerte es mir auch, weswegen ich vorhin so in Wallung gekommen war. Nicht deswegen nämlich, weil er mir den Vogel vor der Nase weggeschnappt hatte, sondern weil meine Leitung wieder einmal entschieden zu lang gewesen war. Hätte ich doch, anstatt zu plustern, einfach gesagt, geben Sie mal her, mein Herr, den Fasan wollte ich gerade mitnehmen, die Jagd ist mein, so würde der Langschwanz jetzt neben mir auf dem Sitz liegen. Nur war ich so frech eben doch nicht.

Und überhaupt, es ist ja etwas anderes, ob man einen Vogel, der bald plattgedrückt eine Straße verunzieren würde, mal eben im Vorbeifahren ins Auto nimmt, oder ob man wissentlich falsche Angaben macht, oder? Wobei ich bitten und ausdrücklich darauf hinweisen möchte, dies nicht als Aufforderung zum Wildern und zur eigenen Bereicherung auf Kosten Dritter aufzufassen! Diese Tatbestände waren an mir vorbeigegangen, und irgendwie erleichterte mich das. Wildern? Ich doch nicht, aber der da, der andere, hach! Mit bestem Gewissen erreichte ich mein Heim, der Ofen blieb kalt, und neue Glanzfedern für meinen Hut gab es auch nicht, aber das Erlebnis spukte noch eine Zeitlang in meinem Hinterkopf herum, bis ich es vergaß.

Eineinhalb Jahre später sitze ich in meiner Buchhandlung und kritzele meinen Namen in mein vor kurzem erschienenes Buch. Die Zeitung hatte berichtet, daß ich an diesem Tag von-bis dasein und signieren würde. Wirklich erscheinen auch ein paar liebe Menschen und kaufen mein Buch. Da schlägt dann eines Schreiberlings Herz schon ein paar Takte schneller.

Als die Uhr das Bis fast erreicht hat, wird es ruhig. Meine Frau und die Besitzer des Ladens sind noch da, und ein später Kunde blättert hinten am Regal in Kinderbüchern. Da macht die Türe noch einmal ding-dong und läßt ein männliches Wesen ein. Der Mensch steuert zielgerichtet auf mich zu, bleibt stehen und sieht mich so an, als wollte er damit zum Ausdruck bringen, daß ein

helles Leuchten des Erkennens mein Gesicht berühren müsse.
Und in der Tat klickt es da an einigen Synapsen in meinem Hirn,
nur finde ich nicht die richtige Schublade.

»Kennen Sie mich nicht mehr«, fragt der Mensch. »Ich bin doch
der mit dem Fasan, auf der Straße zwischen Harz und Braunschweig!« Und lacht so still in sich hinein.

Na sicher, das ist er, aber erkannt hätte ich ihn nicht, weil ich
damals mehr auf den Gockel als auf das Gesicht geblickt hatte.

»Ich möchte gerne Ihr Buch kaufen!«

Jetzt lacht er richtig, ich auch, wie mir das alles wieder ins
Gedächtnis gerät, ich schenke ihm erst einmal ein Glas Wein
ein, sage »Prost« und erzähle dann den Anwesenden, was damals
passiert ist. Und so im nachhinein ist das noch viel komischer.
Nachdem ich fertig bin, und wir alle so lustig um den Tisch stehen, sagt der sympathische, nette, junge Mann: »Wissen Sie, ich
hab Sie ja damals gleich erkannt, man sieht Sie ja manchmal in
der Zeitung, aber Sie waren so schnell auf und davon, daß ich
da gar nichts mehr sagen konnte!«

Also wirklich, das setzte der Geschichte nun bestimmt erst den
richtigen Deckel auf.

Da war ich aber um Haaresbreite an einer Bauchlandung in den
Nesseln vorbeigerutscht. Ehrlich währt am längsten! Na ja, halb-
ehrlich dauert auch eine Weile an.

Jetzt mußte ich es denn doch erfahren und fragte ihn: »Was
haben Sie mit dem Fasan gemacht hinterher? Sind Sie ins Dorf
und haben ihn abgeliefert?« Er grinst so richtig aus allen
Gesichtszügen. »Was glauben Sie denn? Gut geschmeckt hat er
mir!«

Da schau dir doch einer diesen Gauner an, dachte ich nur. Steht
da auf der Straße, als könnte er nicht bis drei zählen, knuddelt
den toten Hahn – und haut ihn dann in die Pfanne. Aber besser den als mich. Du Wilderer, ich nicht!

Es wurde dann noch ein lustiger Abend.

Der Jagdgast

Als das Telefon klingelte, war ein Freund von mir am anderen
Ende, der ein kleines, aber recht interessantes und ruhiges Revier
so etwa eine Stunde weit von der Stadt gepachtet hatte. »Hör
mal«, sagte er, »kannst du einen Gast von mir auf einen Bock
führen in drei Tagen? Ich muß morgen eine Woche verreisen.«
»Was soll ich?«
»Einen Gast von mir auf einen Bock führen und möglichst mit
Erfolg. Du, es ist wichtig für mich, du kennst dich doch bestens
aus da draußen, du machst das doch, nicht?«
Ich war ja nun selbst oft genug Jagdgast gewesen und war dabei
auch öfter einmal geführt worden, auf Rotwild besonders, sonst
ließ man mich meist frei laufen und das Wild selber suchen und
ansprechen. Aber geführt hatte ich noch nie einen anderen.
Mein Freund klang irgendwie verklemmt. Ich fragte: »Wo ist
der Haken dabei? – Wer ist das überhaupt?«
»Na ja, ich glaube, der Herr, der da kommt, hat vom Jagen nicht
viel Ahnung, und einen Bock hat er auch noch nicht erlegt. Äh,
du machst das doch? Alles Weitere später!«
Er kommt, hatte er eben gesagt. Das stand also schon fest, war
bereits eine abgemachte Sache. Warum fragte er mich dann über-
haupt noch. Alleine im Revier loslassen konnte er seinen Gast
ja schlecht.
»Zeit hätte ich schon«, meinte ich, »aber ich mache das ohne
Garantie. Was darf er denn?«
»Na einen Abschußbock, keinen Einser, irgendwas Krummes.
Er hat auch nur einen Abend Zeit. Er kommt aus Berlin mit dem
Wagen direkt ins Revier zur Jagdhütte. Ist um achtzehn Uhr
dort. Ich habe ihm eine Skizze geschickt. In drei Tagen. Geht
klar bei dir, oder?«
»Ja, geht klar. Und wohin mit dem Bock, sollte es klappen?«
»Bring ihn zum Huber ins Dorf, der weiß Bescheid und küm-
mert sich um alles Weitere. Ich bin in einer Woche zurück, Waid-

mannsheil, und danke!« Damit hängte er ein und hängte mich ab. Na fein, sehr schön! Ein Revier, das zwar ruhig und landschaftlich interessant war, wo Rehwild aber eher sparsam vorkam, Abschußböcke Mangelware darstellten, einen Abend Zeit und einen Jagdgast, bei dem die Betonung offensichtlich mehr auf Gast als auf Jagd lag.

Ich fuhr am anderen Tag abends erst einmal hinaus, um etwas herumzuschnuppern, die momentane Lage zu prüfen und vielleicht etwas ausfindig zu machen. Das Wetter in diesem Juni hielt sich recht konstant freundlich-warm, der Wind kam seit Tagen leicht aus Südwest, und das schien auch weiterhin so zu bleiben.

Den Wagen stellte ich an der Jagdhütte ab, nahm Glas, Büchse und Hund und pirschte los. Auf den sandigen Wegen kam man ganz gut geräuschlos voran. Im Wiesental mit dem kleinen Bach stand nur eine Ricke draußen, die ich kannte und die ein Kitz hatte. Wahrscheinlich lag das im hohen Gras. Dort, wo die Wiese eine Zunge in den Wald hineinschickte, mußte ich vorsichtiger werden, es gab wenig Deckung für mich. Aber da standen der Zukunftssechser und ein Jährling und weiter hinten noch ein Schmalreh, das sich der Sechser schon für die kommende Blattzeit zu sichern schien.

Dann beschloß ich, zur Kanzel bei der Waldwiese zu pirschen, dem ruhigsten Fleck im Revier und außer bei Nordwind von allen Seiten gut zu erreichen. Von der Kanzel hatte man freien Blick und freies Schußfeld. Aber ich brauchte gar nicht mehr hinauf, sah schon von unten ein Reh mit Gehörn, und dieses ließ sich im Glas als rechts Korkenzieher, links Spieß erkennen. Da, der wäre es doch, dachte ich erfreut, der paßt ja haargenau. Drei, vier Jahre muß er auch haben, also, nichts wie weg, leise, still und heimlich, und dann bis übermorgen. Es war acht Uhr, da sollten wir bei einem Treff um sechs Uhr nachmittags reichlich Zeit haben, uns hier einzuschieben. Mein Jagdgast und ich. Auf dem Weg zum Auto kam mir noch ein starker Fuchs auf der Wiese entgegen, ich ließ ihn aber laufen. Keine Unruhe hier und heute. Ich schaute ihm zu, bis es dunkel wurde und fuhr nach Hause.

Am übernächsten Tag war ich um halb sechs abends im Revier. Konnte ja sein, daß der Herr aus Berlin etwas früher auftauchte.

Hoffentlich steckte er nicht in einem Stau und kam zu spät. Na ja, das war nicht mein Problem, zaubern half dann auch nichts mehr. Mußte er bocklos wieder abfahren.

Am Ortsrand bog ich von der Straße ab auf den Feldweg, der zum Revier hinführte, traf einige Spaziergänger, sah links am alten Schafstall ein Auto stehen, da standen oft welche, Pilzsucher und so, kam durch die Kiefern und nach fünf Minuten an die Hütte. Ich holte meine Pfeife heraus, setzte mich auf die Bank davor und wartete. Ein schöner Abend würde das werden.

Ab achtzehn Uhr stellte ich meine Lauscher auf Empfang von Motorengeräuschen, empfing aber nichts. Ruhe im Walde. Eine halbe Stunde später immer noch nichts. Also doch Stau? Es war ja noch Zeit, immer schön friedlich bleiben.

Aber nach einer weiteren halben Stunde wurde ich unruhig. So allmählich mußten wir in die Puschen kommen, wollten wir rechtzeitig auf der Kanzel sein. Und vom Herrn Berliner und seinem Vehikel war keine Spur zu vermelden. Ich stieg ins Auto, um zum Dorf zurückzufahren. Kam er entgegen, konnten wir uns nicht verfehlen, weil es nur diesen einen Weg gab. Aber wir waren dann von dort etwas schneller an der Waldwiese, als hier von der Hütte aus.

Der Wagen beim Schafstall stand da noch, ein Mercedes. Ich hielt an und nahm mein Glas, das hintere Nummernschild konnte ich sehen. B! Ja Himmel, war er das vielleicht. Nichts wie hin, natürlich war er es. Keine Zeit zum Quasseln jetzt.

Kurz begrüßt und vorgestellt, Kreiselmeyer verstand ich, konnte aber auch Kreuzelmeister sein, egal, ich fragte: »Haben Sie die Jagdhütte nicht gefunden?«

»Ick dachte, det wär die Hütt!« Na gut. Ich fragte: »Haben Sie Ihre Sachen zusammen, viel Zeit ist nicht mehr, wir müssen eigentlich gleich losmarschieren.«

»Alles klar«, sagte er, warf sich seinen Büchsriemen über die Schulter, setzte sich eine Art Lodenhütchen auf den zumeist kahlen Schädel und schien abmarschbereit. »Munition?«

»O Jott, die hätt ick glatt vajessen!« Wagentüre auf, klimper-klirr, Wagentüre zu, rumms. Ich sagte: »Laden Sie bitte, durchladen und sichern, wir können nachher kein großes Geklapper veranstalten«, und verfolgte etwas mißtrauisch die anschließenden Lademanöver. Aber das handhabe mein Gast anscheinend recht fingerfertig und auch, ohne den Büchsenlauf damit in meine Richtung zu bringen.

Ich hatte dabei Gelegenheit, ihn etwas näher zu betrachten. Mittelgroß, rundlich-kräftig, nicht gerade nach neuester Jagdmode gekleidet, recht passabel eigentlich, die Büchse schien eine 7 x 64 zu sein, in Ordnung also, und die Ruhe hatte er offenbar auch weg. Jedenfalls schien er nicht nervös zu sein. Noch nicht, vermutlich.

Wir zogen ab. Er wollte sich neben mich setzen, aber ich bat ihn, hinter mir zu bleiben. Ich kann's nicht gut haben, wenn beim Pirschen oder Angehen einer neben mir ist, ich brauche dann freien Blick nach vorne, rechts und links, und wenn ich abrupt stehenbleibe, weil Wild voraus steht, muß der hinter mir auch stoppen und kann nicht seitlich noch ein paar Schritte weiterstolpern, bis er's bemerkt hat.

Auf den Sandwegen kamen wir zügig voran, dann aber ging es unter und zwischen den Kiefern dahin. Ich setzte meine Füße mit Vorsicht auf den trockenen Boden, aber hinten machte es knacks, knicks und knirsch.

Ich drehte mich um: »Versuchen Sie bitte genau dorthin zu treten, wo ich hintrete, wir müssen möglichst leise bis zur Kanzel!«

»Mach ick!« Und es wurde etwas geräuschärmer. Na also.

Inzwischen ging die Uhr auf halb acht zu, im Westen kamen dichtere Wolken auf, es würde damit etwas eher dämmerig werden, und zwanzig Minuten waren noch zu gehen. Wenn nichts dazwischen kam. Kam aber. Auf der Bachwiese war schon die Ricke draußen mit ihrem Kitz, und da mußten wir vorbei, ohne daß die Alte zu schrecken anfing. Ich blieb stehen und machte eine Kopfbewegung in Richtung der Rehe.

»Ein Tier«, hörte ich leise sagen. Na klar ein Tier. Ach so, der meinte eine Hirschkuh. »Eine Ricke, ein weibliches Reh«, flüsterte ich und kam mir etwas albern vor. Wahrscheinlich sah man das alles nicht in Berlin. Hinten blieb es still. Ich überlegte, wie wir da wegkommen konnten. »Bücken Sie sich, so weit wie Sie runter können. Hut ab, Kopf zum Boden und hinter mir her!« Er hatte gewisse Schwierigkeiten, machte sich aber doch genügend klein, und wir konnten in der Deckung einer flachen Hecke und einiger hoher Gräser die gefahrvolle Stelle überwinden. Nachdem wir wieder aufrecht waren, hörte ich dunkel ein erleichtertes »allet klar«.

Ein Mann langer Reden schien der nicht zu sein. Wir hätten allerdings auch kaum Gelegenheit gehabt dazu, und wenige Worte waren hier draußen sowieso besser als viele. Nach getaner Tat würde sich ja noch ein Gespräch ergeben können. Mir war überhaupt nicht klar, wen oder was ich da im Schlepptau hatte. Unsympathisch war der Mann nicht, aber ein erfahrener Jäger bestimmt auch nicht; hatte mein Freund ja auch gesagt. Weiter jetzt.

Vor uns lichtete sich der Kiefernforst, und wenn man die Gegend kannte, ließ sich die Waldwiese schon erahnen. Ich verhielt noch einmal, rückte meinem Hintermann ans Ohr und »jetzt wird es kritisch. Da vorne ist eine Wiese mit unserer Kanzel. Wenn schon was draußen steht, müssen wir äußerst vorsichtig sein. Keine schnelle Bewegung, kein Mucks!«

»Mach ick.« Nun denn.

Es war noch nichts draußen, dem Himmel sei Dank. Wir erreichten, ohne daß etwas schreckte, im Waldesinneren absprang oder ein Häher zu kreischen anfing, die Leiter der Kanzel.

»Lassen Sie ihre Büchse unten, und gehen Sie schon rauf«, sagte ich, »ich bringe sie dann hoch.« Er gab sie mir, und er turnte hinauf, schön langsam und leise, na prima, und verschwand im Kanzelgehäuse. Ich brachte erst seine Büchse hinauf, dann die meine. Setzte ihn rechts, da konnte er beim Anvisieren seinen rechten Ellenbogen in die rechte Luke legen, packte den kleinen Sandsack als Auflage in die Mitte der vorderen Luke und signalisierte, daß er da auflegen sollte. Allet klar, dachte er wohl, sagte es aber nicht. Halb acht Uhr vorbei war es, der Himmel hatte sich zugezogen.

Warten, sitzen, schauen, Spannung, man kennt es, auch wenn man nicht selbst der Schütze ist. Als erster erschien der Zukunftssechser, aha, heute hier, sehr sicher mit dem Ich-bin-der-Herr-im-Hause-Gehabe. Der Herr Kreuzelmeister oder was auch immer schaute mich an, ich schüttelte den Kopf. Er nahm sein Glas und beäugte den Bock in aller Ruhe. Irgendwie war ich erstaunt, daß seine Hände nicht im geringsten zitterten. Gab's doch nicht. Noch nie einen Bock geschossen, wenn das überhaupt stimmte, und sitzt da wie eine Statue, zittert nicht, regt sich nicht auf beim Anblick eines bombigen, wenn auch jungen Sechsers. Dann erschien das Schmalreh. Auch hier heute. Kaum war es auf der Wiese, beugte sich der Berliner zu meinem Ohr und flüsterte stolz: »Eine Ricke!« Also lernfreudig war er auch noch. »Det andre is wohl ein juter Bock?«

»Ja, aber zu jung!«

»Vasteh ick!« Ich legte den Finger an den Mund, er nickte, verstanden offenbar, wir konnten jetzt hier droben keine Diskussionen zu jung und alt und Bock und Ricke und Schmalreh führen, Ruhe war angesagt.

Der Sechser war zum Schmalreh hingezogen, ein kurzer Stupser von Äser zu Äser, dann prüfte er einmal hinten, war aber noch lange nicht interessant, und die beiden zupften friedlich und in Eintracht nebeneinander die Gräser und Kräuter in sich hinein. Ich befürchtete schon, der Sechser könnte den zwar etwa gleich alten, aber weit geringeren Abschußbock inzwischen vertrieben haben, damit er ihm auf keinen Fall bei dem Schmalreh in die Quere kam. Möglich wäre es. Aber dann erschien der Krumme, trat links von uns aus, auf meiner Seite also, sicherte ein paar Minuten hinüber zu seinem Rivalen, machte sich aber offenbar nichts aus ihm und zog mitten auf die Wiese. Kaum, daß ich ihn gesehen hatte, war mein »fertig machen, auflegen« schon geflüstert, seine Büchse lag bereits, er visierte durch das Zielfernrohr, und bevor ich die meine noch entsichert hatte, vorsichtshalber, knallte es, und der Bock fiel um, schlug noch zweimal aus mit den Hinterläufen, und das war's. Puh. Noch einmal durch mein Glas geschaut, keine Bewegung dort.

»Waidmannsheil, den haben Sie sauber geschossen!«

»Waidmannsdank. Ick glob et nich. Ick...« Jetzt fing's ihn an zu beuteln, aber wie. Die ganze Kanzel schwankte.

»Warten wir noch ein paar Minuten«, sagte ich, holte die Pfeife heraus und stopfte sie, auch nicht eben mit den ruhigsten Fingern. Mein Nachbar schnaufte tief durch.

»Freut mich, daß das geklappt hat«, sagte ich, »Sie haben ja nur heute abend Zeit gehabt.«

»Ja«, sagte er, »muß eijentlich schon wieder in Berlin sein.«

»Na ja«, sage ich, »jetzt gehn wir mal hin, brechen den Bock auf, und dann können Sie ja fahren. Entladen Sie lieber, schießen brauchen wir nicht mehr!«

Er klaubte seine Patronen aus der Büchse, und wir stiegen ab. Gingen hinüber zu dem Bock, wirklich sauberer Blattschuß. Das G'wichtl wie besehen vor zwei Tagen, auf der rechten Seite so ein kurzes, gedrehtes Ende und links ein Spießerchen, etwas höher, alles in allem nicht uninteressant, für den ersten Bock auf jeden Fall ausgezeichnet.

Ich wollte gerade mein Messer aus der Tasche holen und mich ans Aufbrechen machen, da hat der Berliner schon ein Ding in der Hand, mit dem man einem Kaffernbüffel hätte ans Leder gehen können, sagt »mach ick schon«, und ist über dem Bock, bevor ich weiter denken kann.

Ich überlege noch kurz, ob Protest angesagt ist, habe aber nicht die geringste Chance, er geht schon ans Werk. Hoffentlich schneidet er nicht alles kurz und klein, der Pansen, geht es mir durch den Kopf, er hat doch noch nie einen Bock aufgebrochen. Und denke, ich sehe nicht gut.

Der bricht da ratz-fatz auf, gekonnt, professionell, schärft mit seinem Schwertmesser den Bock auf, ohne daß etwas daneben geht, packt hin, zieht heraus, und in ein paar Minuten ist alles erledigt. Ich verstehe jetzt gleich überhaupt nichts mehr. Vorhin, als ich ihm den Bruch überreichte, hat er nicht gewußt, wohin damit, hat den Fichtenzweig in der Hand hin und her gedreht und ihn schließlich in die Joppentasche gesteckt, hat noch einmal ein Waidmannsdank gesagt, und dann ist er über den Bock hergegangen wie ein alter Waidgeselle. Was ist denn da los, verflixt nochmal?

Kann mir auch egal sein. Hauptsache, er hat seinen Bock, ich habe meine Pflicht erfüllt, und mein Freund hat, was er wollte. »Also, packen wir's«, sagte ich, als er fertig war, »gute Arbeit«, und will mir den Bock greifen, da hat er sich ihn schon über die Schulter gehängt, als wär's ein Papiersack, Schweiß hin, Schweiß her am Rock, nimmt die Büchse über die andere und marschiert davon, ich total durcheinander diesmal hinter ihm. Mühsam kann ich aufholen, aber gesprächiger wird er auch jetzt nicht. Bei unseren Autos angekommen, sagt er »ick muß ab nach Berlin, schönen Dank auch, war prima«, steigt in seinen Schlitten und: »Schick Ihnen was!« Dann haut er ab.

Ich schaute wahrscheinlich ziemlich verdusselt hinter ihm drein, packte den Bock in meinen Kofferraum und fuhr ins Dorf zum

Huber, dem Gastwirt. Der war informiert, sagte: »Lassen Sie den nur da, ich säge das Geweih ab, und den Rest behalte ich selber. Alles abgesprochen, alles klar!« Offensichtlich lief hier alles wie geschmiert.

Der Huber fragte noch, was mit dem Aufbruch wäre, und ich sagte, den hätten wir draußen gelassen für Fuchs und Sau, der Schütze hätte ihn nicht haben wollen. Und es fiel mir wieder ein, als ich gefragt hatte, »wollen Sie nicht Leber und Herz und die Nieren mitnehmen«, antwortete er, »nein, ich habe jenug von dem Zeug.« Und auf das hatte ich mir schon dreimal keinen Reim machen können. Komischer Kauz das, aber ein guter Schütze und beim Aufbrechen alle Achtung. Na ja, erledigt, abgehakt, gutgegangen. Bewährungsprobe als Jagdführer bestanden. Klopf' ich mir also ein bißchen auf die Schulter, fahre heim, hole mir ein kühles, helles Bier aus dem Schrank, lasse alles noch einmal vorüberziehen und bin dann auch nicht klüger als zuvor. Die Berichterstattung an meinen Kumpel muß warten, bis er wieder im Lande ist. Das dauert aber noch fünf Tage, und die werden ziemlich lang, weil mich doch sehr die Frage juckt, was es mit dem Berlinerknaben auf sich hat.

Dann war er da und rief mich an: »Na, wie war's?«

»Alles in Ordnung, dein Mann hat seinen Bock!«

»Los, erzähle schon, wie ist es gelaufen?«

Ich erzählte, in Kürze, war ja auch nur kurz gewesen, die Geschichte, bis auf das lange Warten vor der Jagdhütte, während der am Schafstall gewartet hatte.

»Na prima«, sagte mein Freund, »ich wußte, du machst das. Das bringt mir wieder was ein.«

»Was heißt, das bringt dir wieder was ein? Das war ein reichlich komischer Vogel, weißt du, ich bin mir mit dem überhaupt nicht ins reine gekommen. Wer war denn das, was ist der denn?«

»Schlachter«, sagte mein Freund. »Spitzen Wurstwaren. Deck' mich da immer ein, wenn ich mal in Berlin bin. Muß ihn mir warmhalten!«

Ein Paket mit Wurstwaren würde er mir schicken! Und das Aufbrechen? Mach ick!

Rätselhaft

Ob man nun jagend draußen umherstreift oder auch nur als harmloser Spaziergänger mit wachen Sinnen, es gibt immer wieder einmal Beobachtungen und Begebenheiten, die rätselhaft sind, und deren Aufklärung einem nicht gelingt. So wie damals mit dem Hirsch im Harz, von dem ich in einem anderen Buch berichtet habe. Der auf meinen ruhig abgegebenen Schuß auf das Blatt enorm zeichnete, den Hang hinunterdonnerte wie ein Todkranker und niemals gefunden wurde, und ein Kugeleinschlag im Boden oder sonstwo, da wo der Hirsch gestanden hatte, auch nicht.

Man kann da hin und her überlegen, alle Erfahrungen von Jahrzehnten hinzuziehen, jede Möglichkeit erwägen, am Schluß steht man da und ist so gescheit wie vorher.

Ich war mit meiner Frau in Österreich im Gebiet um den Wolfgangsee in einem abgelegenen Seitental unterwegs beim Pilzesuchen – oder, um es dann ortsgerecht zu sagen, beim Schwammerlsuchen. Kati, unser Hund, war auch dabei.

Der Weg ins Tal führte an zwei alten Bauernhöfen vorbei, schlängelte sich dann durch Wiesen, auf denen Kühe standen, und kam weiter hinten an einen Bach, der durch das sich nun stark verengende Tal in einer Schlucht herunterströmte. Dem Weg dort hinauf folgend, erreichte man eine zweite, höher gelegene Ebene, die auch als Viehweide Nutzung fand. An den Hängen der beiden Täler wußten wir einige Stellen, wo wir in den vergangenen Jahren oft Steinpilze gefunden hatten und suchten eine nach der anderen auf, mit wenig Erfolg allerdings diesmal. Der Sommer war wohl zu trocken gewesen.

Es blieb noch ein Hang abzusuchen, ein Wiesenhang mit einigen alten, hohen Fichten bestanden, Buschwerk und Jungbäumen an den Rändern. Auch hier stand von Zeit zu Zeit Vieh, Kühe, manchmal Pferde, und so war der Hang eingezäunt. Wenn das Gras abgeweidet war, kam das Vieh an einen anderen Ort.

Dafür stellten sich jetzt die Steinpilze ein. Andere, nicht heimische Schwammerlsucher mieden diesen Hang, vermutlich, weil sie den Kühen nicht trauten, ob diese nun anwesend waren oder nicht. So genau war das schwer festzustellen, weil sie sich oft im Schatten der Fichten aufhielten und dort unterstanden. Und das ließ die Steinpilze daher ungestört sich entwickeln, ohne Vieh und fremde Sammler.

Gut für uns. Wir wußten, daß oben am Hang das Tor im Holzzaun lag, durch das Kühe und Pferde ein- und ausgetrieben werden konnten. War es offen, war das Vieh anderswo, ganz einfach.

An diesem Tag war es offen, und als wir es fast erreicht hatten, sagte ich, ich würde noch eine andere Stelle absuchen und den Hund mitnehmen. Meine Frau wollte dagegen schon auf den Fichtenhang, vermutlich, um als erste fündig zu werden.

Nach zehn Minuten kam sie mir entgegen, aufgeregt und leicht durcheinander. »Sag mal«, sagte sie, »ist das normal, daß da ein Rehbock liegt und nicht aufsteht, wenn ich ihn anschaue?«

»Moment«, sagte ich, »wo liegt ein Rehbock und schaut dich an?«

»Nicht er mich, ich ihn! Er liegt da am Rand vom Fichtenhang und hebt nicht einmal den Kopf. Ich stand fünf Meter vor ihm!«

»Haupt«, sagte ich. »Vielleicht ist er tot, ich meine verendet.«

»Er hat geatmet, das konnte ich sehen.«

»Ich komme mit«, sagte ich, und wir machten uns auf den Weg. Mir spukte natürlich sogleich die Tollwut durch den Kopf, aber wir hatten nichts davon gehört und auch keine entsprechenden Schilder gesehen in der Gegend. Er konnte auch angeschossen, sonstwie verletzt sein, krank einfach, altersschwach. Mal sehen.

Wir kamen an das offene Tor, ich leinte den Hund an. »Wo liegt er denn?«

»Da, rechts unten, neben dem kleinen Fichtenverhau mit der Silberdistel daneben, ein paar Meter noch!«

Und da lag er. Zusammengekringelt wie ein Hund in seinem Korb, das Haupt auf der Erde, und er atmete sichtbar. Verletzung war keine zu erkennen. Der Wind ging von uns auf ihn zu. Na sowas! Der mußte schwer krank sein.

Im ersten Bauernhof unten am Taleingang gab es einen, der hier mit anderen zusammen die Jagd ausübte. Den galt es zu verständigen. Wir also im Eilmarsch zurück, ließen Schwammerl Schwammerl sein, Kati fand es prima, daß wir eine schnelle Gangart einlegten, und der Bauer war auch zu Hause. Ich berichtete ihm, wir kannten uns, er sagte, ich fahr' gleich hin, und nach meiner exakten Ortsbeschreibung dürfte er auch keine Schwierigkeiten haben, den Bock zu finden. Wir kamen absichtlich nicht mit, weil es unter Umständen schnell gehen mußte und wir dann nur im Wege standen.

Zwei Tage später trafen wir den Bauern im Dorf und fragten natürlich, ob er den Bock gefunden hätte.

»Ja, ich bin direkt auf ihn draufgelaufen, aber dann ist er auf und war so schnell über die Kuppe und auf der anderen Seite vom Hang, daß ich nichts machen konnte. Krank hat er eigentlich nicht ausgesehen!«

Hm! Komisch. Sollte der einfach im Tiefschlaf gewesen sein? Sehr unwahrscheinlich, oder? Einmal war ich einem schlafenden Fuchs auf den Balg gerückt und stand plötzlich vor ihm. Er hatte sich in der Sonne auf einem Baumstumpf zusammengerollt und schlief wie ein Ratz. Aber ein Reh?

Na gut, wir hatten getan, was wir konnten, den Jäger verständigt, der Bock war offenbar in Ordnung, möglich trotz allem, daß er nur ein Mittagsschläfchen gehalten hatte. Glauben mochte ich es nicht, denn wir und der Hund müssen ganz schön Witterung abgegeben haben.

Drei Tage später strolchten wir abermals dort am Steinpilzhang herum, wieder mit Hund, wieder am hellen Tage und nicht eben lautlos und vorsichtig, sondern mit Gerede, Knirsch und Knacks unter den Schuhen.

»Ob unser Bock wieder da ist«, meinte meine Frau. Ich sagte »Das glaubst du doch wohl selber nicht« und suchte weiter nach pilzähnlichen Erhebungen. Es mochte sich aber schon überhaupt nichts zeigen in diesem Sommer. Wir waren an diesem Tag von unten gekommen, den Hang langsam und gründlich suchend hinaufgestiegen, am Liegeplatz des Bockes vorbeigekommen und hatten eben das Tor passiert. Dahinter ging es abwärts, Brombeerstauden, bemooste Steine, allerlei Knüppelzeug und ein Baumstamm mittendrin, am Boden liegend und schon modernd und faulend. Und hinter diesem Stamm, an ihn gelehnt, kaum sichtbar etwas Rehfarbenes. Ich ging noch einige Schritte weiter, näher, und da liegt doch wieder dieser Bock! Verflixt! Unverkennbar an seinen Stangen, ein Gabler, ganz normal, ich hatte mir das bei der ersten Begegnung schon angesehen. Jetzt wurde die Sache aber langsam wunderlich. Meine Frau stand hinter mir und beide starrten wir aus drei Meter Entfernung den Bock an. Wieder lag er in der Stellung wie vor drei Tagen, aber dann hob er langsam sein Haupt, wendete es uns halb zu, halb aber nur, und das war's dann auch.

Wir traten den Rückzug an, sachte, sicher nicht geräuschlos, und in den Wind bekommen haben mußte er uns auch diesmal. Aber er blieb liegen.

Zurück durch das Tal, hinein zum Bauern. »Der liegt da wieder, genau wie vor drei Tagen!« Und der Bauer griff sich die Büchse in Windeseile, sprang in seinen Wagen und fuhr zum Hang. Das Tor, der Baumstamm am Boden waren deutliche Marken. Und es passierte genau das, was beim ersten Mal der Fall gewesen war: Kaum hatte der Jäger den Bock entdeckt, sprang dieser auf, völlig normal im Verhalten, flüchtete wie der Blitz hangab und war weg.

Meine Frau und ich waren doch wirklich keine geruchlosen Wesen, die sich durch den Wald bewegten wie Feen oder Geister ohne Laut.

Der Bock wurde nicht mehr gesichtet, nicht von uns noch von anderen, weder tot noch lebendig, nicht einmal als Gerippe.

Vielleicht gibt es ja Rehe, die aus irgendeinem Grund keine Witterung aufnehmen. Der Bock, von dem eben berichtet wurde, hätte allerdings blind und taub sein müssen und dazu ohne Geruchssinn. Viele Jahre vorher hatte ich mit einem Schmalreh ein Zusammentreffen, an das ich mich nach dem Bockerlebnis erinnerte.

Ich saß in einem oben offenen und nur auf drei Seiten mit Fichtenzweigen verblendeten Schirm zu ebener Erde am Rande einer Dickung. Linker Hand war der Schirm ebenfalls offen, und von dort schlüpfte man hinein. Vor mir war freies Feld, Stoppelfelder, ein Wiesenstreifen, weiter hinten standen noch Rüben. Der Rickenabschuß war weitgehend erfüllt, und ich wollte den milden herbstlichen Abend eigentlich nur damit verbringen, zu sehen, was hier noch an Rehwild austrat. Ein Überläufer konnte kommen, Hasen sowieso, möglicherweise ein passabler Fuchs. Der Wind war nicht ganz günstig, strich von rechts nach links den Dickungsrand entlang, aber da der längere einzusehende Abschnitt rechts vom Schirm lag, waren die Chancen, daß hier Wild austreten würde, ein wenig größer.

Nachdem eine halbe Stunde verstrich, ohne daß sich etwas zeigte, hörte ich dann links von mir ein leises Geräusch in der Dickung. Da kam etwas, aber wie gesagt, genau dorthin ging der Wind, schwach zwar nur, aber Wind bleibt Wind. Und dann trat wider alle meine Erwartungen etwa fünfzig Schritte entfernt dort ein Schmalreh aus. Es verhoffte, äugte zum Schirm, nahm das Haupt etwas hoch und windete. Durch mein Glas waren alle Einzelheiten klar zu erkennen. Dann zog es völlig ruhig weiter auf die Wiese hinaus und begann zu äsen.

Ich dachte, vielleicht war der Wind für ein paar Minuten eingeschlafen, kann ja möglich sein, gerade zum richtigen Zeitpunkt, und manchmal passiert es schon, daß auch scheues Wild einmal nicht so richtig bei der Sache ist und nicht wahrnimmt, was es eigentlich wahrnehmen sollte.

Das Stück also äste langsam von mir fort in einem weiten Bogen nach rechts und stand schließlich etwa siebzig Schritte genau vor dem Schirm auf dem Feld. Da hoppelten rechts von mir zwei Hasen heraus, beide machten einen Kegel und beäugten das Reh, und dieses beäugte die Hasen. Nichts Ungewöhnliches an der Situation. Man möchte einfach wissen, wer einem da Gesellschaft leistet, vorsichtshalber und überhaupt.

Die Hasen begannen Grünzeug aufzunehmen, das zwischen den Stoppeln wuchs und mümmelten es in sich hinein. Sie waren nur zehn Meter vor mir, etwas rechts vor mir, um genau zu sein.

Ich besah mir auch diese beiden durch das Glas, konnte jedes einzelne Haar erkennen und versuchte einen Unterschied zu entdecken, fand aber nichts. Vielleicht war der eine um ein Deut heller. Ich hatte das Glas, um es ganz ruhig halten zu können, auf die vordere Latte des Schirmes aufgelegt, und mein Hut mußte darüber hinausragen. Daher hob ich jetzt nur millimeterweise den Kopf, damit meine Augen einen Rundumblick machen konnten.

Das Schmalreh stand fünf Meter vor den Hasen! Die Lauscher hoch aufgerichtet, aufmerksam, aber keineswegs ängstlich betrachtete es aber nicht die Mümmelmänner, sondern den Schirm. Oder meinen Hut, oder das Glas, was weiß ich. Und zog weiter heran.

Das hat man ja auch schon des öfteren erlebt, daß Rehe oder anderes Wild, wenn es nicht sicher ist, wer oder was da steht, sitzt, sich hinter einem Baum verbirgt, näherkommt, um der Sache auf den Grund zu gehen, solange es das nicht über den Wind feststellen kann. Aber das sieht anders aus. Da ist der Träger ausgefahren wie ein Sehrohr, das Haupt ruckt hin und her, hoch und runter, die Läufe setzen sich im Stechschritt, und dem Tier sieht man an, daß es eine einzige Fluchtbereitschaft ist.

Das Schmalreh jetzt hier vor mir verhielt sich nicht so. Ich möchte die Fachsprache für ein Wort verlassen und sagen: Es schlenderte auf mich zu. Es war prall und rund, hinkte nicht, nichts, eine Pracht von einem Reh, das alles andere denn krank aussah.

Dann war es am Schirm, Luftlinie dreißig Zentimeter von mir entfernt und hätte spätestens zu diesem Zeitpunkt Witterung bekommen müssen, aus und in welche Richtung der Wind auch wehte. Irgendwo steht da ja eine Dunstwolke um einen Jäger, die auch ein Tornado nicht verblasen kann.

Ich hielt natürlich den Atem an, wirklich, erstickte beinahe, weil ich nur ganz flach durchatmete. Was sollte das denn geben? War das Reh vielleicht handaufgezogen? Das wäre aber mit Sicherheit bekannt gewesen. Tollwut? Tollwut war in dieser Gegend nachgewiesen, bei Füchsen. Bei Rehen bisher nicht. Ich hatte nicht die geringste Vorstellung, wie sich tollwütige Rehe verhielten. Meines da machte einen sehr lieben Eindruck und schien weder toll noch wütend. Ich konnte für ein paar Minuten nur seine hintere Partie sehen, weil es sein Haupt unten hatte und vielleicht den Duft meiner Stiefel einsog. Gut, das klingt nun so, wie ich es aufschreibe nach Jahren ganz komisch. Inzwischen war mir aber gar nicht mehr nach Komik zumute, und ich machte mir ernstlich Gedanken über Nahangriffe und Selbstverteidigung. Aber, wie man in solchen Lagen oft hin- und hergerissen wird, ich wollte auch wissen, was weiter passieren würde. Sonst hätte ich längst Juhu geschrien, mit den Füßen gegen den Schirm getreten oder dem Reh meinen Hut aufgesetzt. Ich hielt mich weiter still.

Es wandte sich nach links, für einen Augenblick sah ich nichts mehr von ihm, bis es sein Haupt durch – durch! – die Eingangsöffnung streckte. Nun griff ich aber doch mit der Rechten nach meinem Messer in der Hosentasche. Ich hatte meinen Kopf ihm zugewendet, sah es an, das Reh sah mich an, trat noch einen Schritt mit dem Vorderlauf vor, machte einen kleinen Hopser in die Luft, wie spielende Kitze das tun, drehte dann um und lief ganz gemächlich am Dickungsrand entlang. Ohne noch einmal zu verhoffen, zurückzusichern, zu schrecken, verschwand es mit einer kurzen Drehung in der Deckung.

Obwohl ich mir in den letzten Minuten dieser Begegnung vorgenommen hatte, das Stück zu erlegen und es beim Veterinärmedizinischen Untersuchungsamt abzuliefern, damit es auf Tollwut oder sonst einen Hirnschaden geprüft werden konnte, war ich irgendwie erleichtert, als es ohne eine Möglichkeit zu einem Schuß von der Bühne abtrat. Es hatte so rundum gesund ausgesehen.

Auch in diesem Fall gab es kein erneutes Zusammentreffen ähnlicher oder auch nur annähernd vergleichbarer Art. Jedes Schmalreh, das ich im Herbst noch sah, hielt auf Fluchtdistanz Abstand und machte, daß es weiterkam, sobald es Wind von mir hatte.

Ein Traumreh? Ein noch im Paradies verhaftetes? Oder doch ein geistig abnormes?

Die letzte von ungelösten Schicksalsfäden umsponnene Geschichte in diesem Kapitel geht um den Jagdhund meines Freundes Toni, einen Rauhhaardackel. Der Rüde, Kim war sein Name, gehörte nicht zu den Großen seiner Rasse, zu den Kleinsten aber auch nicht. Wenn ich mich richtig erinnere, war sein Vater ein normal großer Bursche, seine Mutter eine Zwergrauhhaarhündin, wie sie speziell zum Einschliefen in Kaninchenbaue gezüchtet werden. Kim also so mittendrin in seinen Ausmaßen.

Als ich ihn kennenlernte, war er fünf Jahre alt und ein wirklich guter, brauchbarer Begleiter auf der Jagd. Im Fuchsbau machte er ordentlich Rabatz, wenn ihn sein Herrchen auch nicht allzuoft einschliefen ließ, weil diese Felsbaue im Revier für einen Dackel nicht gerade sicher waren. Durfte er aber, dann brachte er den Fuchs ganz bestimmt dazu, daß er ausfuhr und einmal soll er sechs Jungfüchse, die so groß waren wie er selbst, nacheinander ans Tageslicht gezogen haben.

Galt es, eine Schweißfährte auszuarbeiten, dann widmete sich Kim dieser Aufgabe mit Ruhe und Spürsinn. Und Katzen haßte er wie die Pest. Egal, ob ihm eine schwächliche Mieze oder ein Riesenkuder über den Weg kam, Kim stürzte sich auf den Gegner, fuhr stets an dessen Kehle und gab kein Pardon.

Neben all diesen jagdlichen Eigen- und Leidenschaften war Kim treu, anhänglich, folgsam, kurz ein Wunder von einem Dackel, dem man sonst ja leicht nachsagt, daß er macht, was er will. Und verschmust war er auch. Das schönste für ihn, wenn er nach einem Jagdgang, einem Ansitz, einer erfolgreich erledigten Aufgabe zu Hause dann zu Herrchen auf das Sofa durfte, den Kopf auf die Oberschenkel meines Freundes gestreckt und Streicheleinheiten empfangen. Er grunzte dann vor sich hin wie ein Schweinchen.

Die beiden hingen aneinander, waren unzertrennlich, draußen und drinnen, der Hund streunte nie, selbst läufige Hündinnen in der Umgebung ließen ihn ziemlich kalt. Man hätte fast meinen können, das Jagen war ihm wichtiger als die Minne. Nicht so ganz selbstverständlich für einen Rüden.

Und eines Tages verschwand er spurlos.

Toni und Kim waren am Spätnachmittag Anfang Juni ins Revier gefahren, um einen Bock zu schießen. Toni stellte den Wagen ab, ging mit dem Hund etwa zweihundert Meter bis zu einer kleinen Leiter, nahm ihn unter den Arm, und die beiden baumten auf. Nach einiger Zeit trat der Bock aus, Toni schoß, der Bock zeichnete, stürmte ab in den Wald. Vermutlich ein Waidwundschuß, dachte Toni, ließ eine halbe Stunde vergehen und machte sich dann mit dem Hund auf, den Anschuß zu untersuchen. Seine Vermutung war richtig, sie fanden Panseninhalt.

Der Hund untersuchte die Stelle, folgte der Fluchtfährte zum Wald, unangeleint, weil er einer Spur sehr langsam nachging und man ihm ohne weiteres nachkommen konnte. Es war noch recht gutes Licht, und es gab keinen Grund zur Eile. Nach ungefähr dreihundert Metern fanden sie den im Wundbett sitzenden Bock, Toni konnte ihm den Fangschuß auf den Träger setzen, ihn aufbrechen, zum Wagen bringen und in den Kofferraum legen. Dann machten die zwei eine Verschnaufpause. Toni rauchte eine Zigarette, Kim hockte sich auf seine Keulen. Auf einmal hob er den Kopf, zog die Luft in seine Nase, stand auf und rannte dem Wald zu. Toni pfiff und rief, der Dackel reagierte nicht, wurde immer schneller und verschwand unter den Bäumen. Toni wartete, und nachdem Kim nach einer halben Stunde immer noch nicht wieder erschienen war, ging er nach. Pfiff und rief weiter. Nichts. Er suchte, bis es stockfinster war. Ließ seine Jacke dort liegen, wo der Wagen stand und fuhr erst einmal heim. Eine Stunde später wieder hinaus. Kein Kim. Das gleiche noch einmal gegen Mitternacht und am frühen Morgen. Nichts, kein Kim weit und breit.

Unverständlich das alles.

Um es kurz zu machen, der Dackel blieb verschwunden. Suchanzeigen in der Zeitung waren erfolglos. Kein Hund wurde als überfahren gemeldet, keiner als irgendwo zugelaufen. Fuchsbaue gab es in der näheren und weiteren Umgebung des Waldstückes auch nicht.

Als mir Toni ein Jahr nach Kims Verschwinden die Geschichte erzählte, meinte er: »Ich habe nur eine Erklärung dafür. Es gibt hier Uhus. Ein Uhu muß den Hund geschlagen haben!«

»Aber«, antwortete ich, »warum ist denn Kim überhaupt so plötzlich auf und davon und hat nicht auf dein Pfeifen und Rufen reagiert, er hat doch sonst aufs Wort gefolgt?«

»Das weiß ich auch nicht«, sagte Toni. »Ich weiß es nicht und kann es mir nicht erklären.«

An die Uhuversion mochte ich nicht so recht glauben. Sicher, von der Größe her hätte Kim durchaus noch in das Beuteschema eines Uhus gepaßt, der ja auch Hasen, Rehkitze und dergleichen schlagen kann. Aber bei der Griffigkeit dieses Hundes müßte der Vogel auch Federn gelassen haben. Und da war eben dieses plötzliche Aufmerken und Hinziehen auf irgend etwas, das Kim veranlaßt hatte, alles zu vergessen, auf nichts zu hören. Aber was?

Rätselhaft.

Erkenntnisse

Die meisten werden es schon erlebt haben: Man ist mit dem Auto unterwegs, auf einer Straße oder einem Feldweg, und plötzlich quert Wild vor einem die Fahrbahn. Fast immer passiert das in den Morgen- oder Abendstunden, wenn die Tiere von den Äsungsflächen kommend die Tageseinstände aufsuchen wollen oder von diesen zur Nahrungssuche ziehen. Dabei kommt es dann nicht selten zu Unfällen, zum Zusammenstoß, weil das Wild offenbar die Geschwindigkeit eines schnell fahrenden Wagens nicht richtig einschätzen kann. Solche Vorfälle sind hinreichend bekannt.

Es gibt aber noch eine andere Situation, in der das Wild, Rehe, Hasen, aber durchaus auch tieffliegende Vögel, vor einem Fahrzeug kreuzt, und zwar vor einem relativ langsam fahrenden. Ein Beispiel:

Ich bin mit dem Wagen auf einem Feldweg, fahre vielleicht dreißig, vierzig Stundenkilometer, weil ich die Landschaft betrachten und nach Wild Ausschau halten möchte. Rechterhand vor mir sitzt ein Hase auf dem Feld. Als ich näherkomme, macht er sich auf und läuft noch recht verhalten parallel zu mir mit. Das macht er eine ganze Strecke lang, aber mit einem Mal legt er den dritten Gang ein, schießt vorwärts, schneidet mich, läuft linksseitig noch etwas ins dortige Feld hinein und bleibt dann sitzen, um mir hinterherzuäugen. Ich denke, dummer Has, was soll das, hättest auch unter die Räder kommen können.

Rehe machen das auch in ähnlichen Situationen, ganze Rudel Damwild haben mich ein paarmal derart geschnitten, und immer habe ich mich gefragt, und andere werden sich auch gefragt haben, wozu dieses ›Spiel‹ gut sein kann.

Dann sah ich dieses Verhalten in einem der ersten Serengetifilme von Grzimek, nur waren die Ausführenden da ein Geländewagen und Zebras, Gnus oder Antilopen, und später in manch anderen Afrikafilmen auch. Die Tiere preschten neben dem Fahrzeug her, überholten es in vollem Tempo und kreuzten auf die andere Seite. Aber dabei kam ich der Sache noch nicht näher.

Der Groschen fiel, wieder Jahre später, bei folgender Filmszene: Ein Gepard beim Aufbruch zur Jagd. Aufrecht noch nähert er sich langsam einer Gnuherde, bei der auch kleine Kälber stehen. Die Tiere in der Herde sehen dem sich jetzt geduckter anschleichenden Geparden aufmerksam entgegen, und erst, als dieser zum Sprint ansetzt, galoppieren alle davon, ein Teil der Herde geradeaus, der Teil, der sich rechts von dem Geparden befindet, quert dessen Weg nach links. Und die linken queren nach rechts. Den Geparden schert beides nicht, er verfolgt ein Kalb, das hinter seiner Mutter den geraden Weg eingeschlagen hat. Kaum ist die Raubkatze an den nach rechts beziehungsweise links flüchtenden Tieren vorbei, bleiben diese stehen und schauen ihr gelassen nach.

Da spielt sich nämlich folgendes ab: Die Gejagten kreuzen den Weg des Jägers a b s i c h t l i c h, provozieren ihn, weil sie damit sofort feststellen können, ob er hinter einem von ihnen her ist oder nicht! Würde er einen Haken oder eine Kurve machen, um nach der Seite fliehende Beute weiter verfolgen zu können, dann müßte diese auch weiter mit vollem Energieaufwand um ihr Leben rennen. Das hat sie nicht nötig, sobald sie erkennt, daß die Jagd gar nicht ihr gilt.

Und ein Auto ist für unser Wild eben auch ein Feind, ein vermeintlicher jedenfalls, der den Eindruck erweckt, er würde es auf den Hasen oder das Reh abgesehen haben. Denn auch ein einzelnes Tier, das sich nicht in Gemeinschaft mit anderen befindet, möchte herausbekommen, ob der sich da so rasch Nähernde ihm an den Kragen will, oder ob er aus anderen Gründen schnell daherkommt. Vielleicht selbst auf der Flucht.

Das Prinzip, körpereigene Energie nicht unnütz zu vergeuden, wenn es nicht wirklich sein muß, finden wir überall bei Lebewesen. Und das Verhalten des ›Schneidens‹ führt es uns noch einmal vor Augen.

Es steckt übrigens auch noch in uns Menschen, auf jeden Fall in den Kindern. Man braucht sie nur bei dem Spiel ›Räuber und Gendarm‹ zu beobachten. Ist der Gendarm gerade hinter einem der Räuber her, kommt bestimmt ein anderer, der im vollen Lauf zwischen Räuber und Gendarm durchflitzt, kurz noch weiterläuft, aber dann stehenbleibt und zuschaut, wie die Jagd nach dem ersten ausgeht. Das Kind provoziert dabei auch, will wissen, ob es den Gendarmen auf sich locken kann, aber hier ist es ja auch nur ein echtes Spiel. Bei Raubwild und seinen Beutetieren geht es aber um Leben und Tod.

Diese, meine etwas spät im Leben gewonnene Erkenntnis mag als ein kleiner Beitrag zum Verständnis unseres Wildes und seines Verhaltens gelten.

Die kleine, oben offene Kanzel mitten im Forst ist eher ein ummantelter Sitz. Zwei haben hier nicht Platz, und ich bin auch alleine, genieße einen warmen Sommerabend und hoffe, daß sich doch noch ein Bock sehen läßt. Ich habe schon wochenlang das mir zugewiesene Waldstück abgepirscht und abgesessen, ohne den richtigen zu finden. Aber es macht mir nicht viel aus, immer wieder bin ich gerne hier draußen, weil es rundum abwechslungsreich aussieht. Alter Baumbestand, Jungwuchs, Büsche, Grasflächen und ziemlich dicht bei meinem Sitz ein ehemaliger Fischteich mit etwas Schilf und krautig bewachsenen Uferböschungen.

Der Wind steht vom Teich auf mich zu, der Rauch meiner Pfeife verwirbelt sich in kleinen, grauen Wölkchen nach hinten in den Hochwald. Macht nichts, nach irgendeiner Richtung schickt man allemal seinen Duft als Warnsignal und gönnt dem Wild diese Chance.

Aber es weht sowieso nur ein leichtes Lüftchen, und die Bewegung der Schilfhalme kann davon nicht kommen, die bringt etwas anderes zum Schwanken. Richtig, eine Entenmutter mit sieben Winzlingen einer verspäteten Brut treibt sich dort herum. Die Kleinen sausen auf der Wasseroberfläche hin und her und jagen Mücken. Und wie geschickt diese gerade ein paar Tage alten Küken sind! Und wie herzig.

Bin ich sentimental, weil ich die Dunenbällchen immer wieder anschauen kann? Findet die Entenmutter ihren Nachwuchs auch süß? Bestimmt nicht, die hat Wichtigeres zu tun, muß aufpassen, daß der Sperber nicht um die Ecke kommt oder eine der alten Krähen, die sich hier herumtreiben. Aber ich werde jedesmal und immer von neuem schwach, wenn ich Dunenjunge von irgendwelchen Nestflüchtern sehe. Ob unsere Urahnen auch schon so empfunden haben? Und wenn, warum? Warum sind für den Menschen die meisten Jungtiere so umwerfend?

Ist da möglicherweise ein angeborener Block eingebaut, der verhindert, daß vom Urahn nicht schon die Kleinen aufgefressen wurden, die zwar leicht zu fangen gewesen wären, aber vom Nährwert nur den Bruchteil dessen hatten, was später die erwachsenen Tiere brachten? Und das hätte sich dann bis zu uns her vererbt. Gefühlsregung mit dem Hintergrund, besser satt zu werden?

Jetzt schwenkt die alte Krähe vom Feld drüben herein. Die Ente quakt und sträubt die Kopffedern, die Jungen stieben unter das überhängende Kraut der Böschung und sind in sicherer Deckung. Die Ente schimpft weiter zur Krähe hin, die auf einem Ast der am Ufer stehenden Weide aufgebaumt ist und sich die Augen nach den Küken verrenkt. Schließlich zieht sie ab, und die Kleinen tauchen wieder auf aus ihrem Versteck.

Der Abend bröselt so vor sich hin, nichts Aufregendes geschieht, und doch ist alles spannend. Im Hintergrund signalisieren mir meine Gehirnströme, daß ich sehnlichst auf einen Bock warte, aber daneben sagen sie mir auch, schau da hin und dort, mach die Ohren auf, der Zaunkönig singt, und die Amsel zetert, weil ein Eichelhäher über ihrem Nest durch die Bäume strolcht. Was tut sich da, in meinem Kopf? Die ganzen Eindrücke um mich her, die optischen, die akustischen, das, was ich rieche, die müßten mich ja schier verrückt werden lassen, würden sie mir tatsächlich alle bewußt. Sie werden es aber nicht, nur das wirklich Wichtige dringt ins Bewußtwerden vor, das übrige wird ausgefiltert. Das Gute ins Töpfchen, das Schlechte ins Kröpfchen, heißt es im Märchen, es ist aber wahr.

Nur das, was zu einer bestimmten Zeit und in einer bestimmten Situation wichtig ist, wird wahrgenommen. Vor einigen Jahren hielt sich in der Braunschweiger Innenstadt ein Uhumännchen auf, ein Vogel, der einer Volierenzucht entstammte und dann ausgewildert worden war. Der Uhu balzte im Januar und Februar jeden Abend nach Einbruch der Nacht, saß oft nur ein paar Meter hoch über einer von Fußgängern belebten Straße im Einkaufszentrum, und sein lautes ›bu-hu-bu-hu‹ war nicht zu überhören. Aber von hundert vorbeilaufenden Passanten reagierte höchstens einer darauf und blickte erstaunt nach oben.

Man war hier auf Verkehr, Einkaufen, sich nicht anrempeln lassen und andere Dinge, die im Getümmel einer Innenstadt notwendig sind, eingestellt und nicht darauf, daß da ein Uhu rufen könnte.

So allmählich müßte sich etwas anderes blicken lassen als Enten, Amseln und Zaunkönige. Um diese Zeit zogen die Rehe durch den Wald zu den Feldern hin. Doch zunächst, angekündigt durch erneutes Gezeter des Amselweibchens, tauchte ein Jungfuchs auf und schnürte von links kommend vor mir vorbei. Das Laub raschelte jedesmal, wenn er seine Pfoten aufsetzte, und das gefiel ihm ganz offensichtlich überhaupt nicht. Mit seinen zurückgelegten Lauschern und den nach hinten-oben gezogenen Lefzen bekam sein ganzes Gesicht einen fast schmerzhaften Ausdruck. Das erinnerte mich an eine Hündin von mir, die, wenn sie eine Maus anschlich, auch so eine Miene machte, weil bei jeder ihrer vorsichtigen Bewegungen die Hundemarke am Halsband klapperte.

Als der Fuchs die Teichböschung erreicht hatte und dort weichen, laubfreien Boden gewann, stellten sich sofort seine Ohren auf, und die Mundwinkel nahmen ihre normale Lage ein. Geschafft! Kurz darauf war er im Unterwuchs hinter dem Teich verschwunden.

Wie ist das? Wenn Fuchs und Hund – und andere sicher auch – nicht mögen, daß es raschelt oder klappert, wenn es leise gehen sollte, so läßt sich doch daraus schließen, daß sie den Unterschied zwischen laut und leise erkennen müssen. Und weiter, daß sie auch die Bedeutung von laut und leise verstehen und wissen, aus einigen gemachten Erfahrungen heraus, sie kriegen die Maus nicht, wenn sie nicht leise an sie herankommen. Oder ist das zu viel verlangt von einem höher stehenden Lebewesen? Ich denke nicht, nur kann ich diese Erkenntnis nicht beweisen, dazu müßte der Fuchs mir sagen können, ob ich recht habe oder nicht. Genaues Beobachten kann einem aber auch manches verraten.

Mir verriet jetzt endlich das Brechen eines trockenen Zweiges, daß sich am drübern Ufer des Fischteiches etwas näherte. Ein Streifen Jungfichten lag dort hinten zwischen dem Wasser und den Feldern. Nach wenigen Minuten schlüpfte aus ihnen eine

Ricke heraus und fing an zu äsen. Langsam kam sie voran, zupfte hier etwas und dort, warf hin und wieder kurz auf, um gleich das Haupt erneut schmackhaften Dingen zuzuwenden. Da kein Kitz folgte, hatte sie wohl keines, und ich konnte auch nichts von einem gefüllten Gesäuge entdecken.

Nach einer Weile hatte die Ricke die Uferböschung am mir gegenüberliegenden Teichrand erreicht und äste sich Schritt für Schritt an ihr entlang. Sie war völlig unbekümmert und ruhig, fühlte sich wahrscheinlich hier im Waldesinneren ganz sicher. Sie nahm das Haupt nur mehr hoch, um einen längeren Halm oder einen kleinen Brombeerzweig zu kauen und, fast nach Hasenart, ihn in ihren Äser hineinzumümmeln.

Ich nahm das Glas von den Augen und schaute hinüber zu den Fichten, ob nicht doch ein Bock käme. Die Blattzeit mußte bald beginnen, und so eine einsame pralle Ricke sollte eigentlich einen Verehrer in ihrem Geleit haben um diese Jahreszeit. Sie sah aber nicht so aus, als würde sie noch jemanden erwarten, denn dann hätte sie sich wenigstens gelegentlich umgeschaut und die Lauscher gespitzt, einen langen Träger gemacht und für Sekunden mit dem Kauen aufgehört. Weil die Geräusche beim Kauen beim aufmerksamen Horchen auf leise Signale stören.

Nein, es kam nichts hinterher, auch ich hörte nichts, wenn meine Ohren auch ganz sicher schlechter waren, als die des Rehes dort drüben.

Seh' ich eben diesem Reh zu, dieser einsamen Ricke. Sie äst da so friedlich, wie der ganze Abend ist. Ganz nahe am Rand des Teiches zieht sie Schritt um Schritt dahin. Ganz nahe, direkt am Rande der Böschung.

Und tritt plötzlich mit dem rechten Vorderlauf ins Leere.

Verliert den Halt, das Gleichgewicht.

Überschlägt sich seitlich. Ich sehe kurz die helle Bauchseite aufblinken, dann platscht es. Die Ricke plumpst in den Teich, fällt mit dem Rücken zuerst ins Wasser, alle vier Läufe nach oben gestreckt.

Im nächsten Moment ist sie wieder in Normallage und schwimmt herüber auf meine Seite, schüttelt sich dabei das Wasser aus den Lauschern, schnauft, prustet und spuckt ein bißchen Teich aus dem Äser. Am diesseitigen Ufer angekommen steigt sie aus und steht etwas bedusselt und pitschnaß da, schüttelt sich dann, daß die Wassertropfen fliegen und sie sprühglitzernd einhüllen. Macht ein paar Fluchten auf meinen Sitz zu, schaut zurück auf den Teich und schüttelt sich noch einmal. Das war ihr wohl noch nie passiert. Und ich hatte dergleichen auch noch nicht gesehen, hatte immer bewundert und mich gewundert, mit welcher Trittfestigkeit Rehe, Hirsche, Damwild und andere mit ihren dünnen, zerbrechlichen Läufen durch dick und dünn preschen können, ohne sich zu verletzen, die Knochen zu brechen oder sich aufzuspießen.

Und da macht dieses Reh im Schrittempo einen einzigen Fehler und fällt in den Teich!

Steht da wie ein begossenes Reh eben, weiß nicht, was es von der Geschichte halten soll, die nicht in sein Verhaltensschema paßt. Gewiß ist es nicht alltäglich für ein Reh, ins Wasser zu fallen, überhaupt nicht.

Die Ricke zieht dann dicht an mir vorbei in den Hochwald hinter dem Sitz hinein und verschwindet im Dämmerlicht der Bäume und des Abends.

Und ich, da oben auf meinem Beobachtungsposten? Ich bin froh, daß mich das Reh nicht bemerkt hat, es hätte sich sonst arg geniert. Und bin noch um eine Erkenntnis reicher.

Daß auch Rehe zu einem Fehltritt fähig sind!

Schnepfendreck

Es war Ende April, und ich stand da an einem kahlen Berghang, etwa achthundert Meter über Meereshöhe und fror. Weißenbach hieß das Tal, Bad Ischl lag ums Eck herum, der Traunsee war auch nicht weit weg. Ich wartete auf Schnepfen. In Oberösterreich sind Schnepfen bis 30. April frei, im Salzburgischen nur bis zum 15. April. Und bei uns in Deutschland schon jahrelang nicht mehr.

Ich wollte einfach wieder einmal auf den Schnepfenstrich, wie einem das so geht, weil ich diese Abende aus der norddeutschen Tiefebene in wunderschöner Erinnerung hatte: Ein milder Frühlingsabend mit Drosselgesang und den Stimmen anderer Vögel, langsam kommt die Dämmerung, der Schnepfenstern blinzelt vom schwarz werdenden Himmel herunter. Mein Hund liegt neben mir und weiß ganz genau, worum es geht. Er schaut nämlich genau so in den Himmel, wie ich. Und dann puitzt und quorrt es irgendwo, und die Schnepfe kommt oder auch nicht, und wenn sie kommt, weiß man nie, wie sie kommt, langsam oder zickzackschnell, alleine oder zu zweit. So kannte ich den Schnepfenstrich, so hatte er sich in einem Winkel meiner grünen Seele eingenistet.

Dann war mir irgendwann ins Unterbewußtsein gedrungen, daß in Österreich die Frühjahrsjagd auf Schnepfen noch galt, und weil ich die Ostertage am Wolfgangsee zu verbringen gedachte, rief ich meinen Jagd- und Sowieso-Freund Günter an und fragte: wie ist denn das, könntest du, könnten wir auf Schnepfen? Er hat das dann im Handumdrehen arrangiert.

Da stand ich also jetzt. An einem kahlen Berghang wie gesagt. Es schneeregnete, war saukalt. An den Berghängen über mir lag Schnee. Günter hatte seinen Stand von mir nicht einsehbar hinter einer Kuppe. Bei mir lehnte der uns führende Jäger Ellmauer lässig an einem Baumstumpen, sein Schweißhund lag ihm zu Füßen und muckste sich nicht. Meine Kati, die Kleine Münsterländerin, hippelte um mich herum, wußte noch überhaupt nicht, worum es ging, wie denn auch, wußte aber doch ganz genau, daß es um etwas ging. Ich mußte sie ziemlich scharf anpfeifen, damit sie endlich Ruhe gab.

Das war doch kein Schnepfenabend! Schnee rundum, Berglandschaft, Kälte. Ich kam mir vor wie auf Löwenjagd in Sibirien.

Weil's noch früh war und relativ hell und deswegen noch keine Schnepfen zu erwarten – die würden hier ja sowieso nicht kommen, gab's ja gar nicht –, schweifen die Gedanken ab zurück in alte Zeiten.

Meine allererste Schnepfe, von keinem Geringeren als dem früheren Elchjägermeister Hans Kramer ›freigegeben‹ – er hatte mich eben zum ersten Schnepfenstrich meines Lebens eingeladen –, lag damals vor meinen Füßen. Ich hatte den plötzlich über den Baumwipfeln daherkommenden Vogel tatsächlich getroffen, obwohl mein ebenso erster Jahresjagdschein in meiner Tasche noch die feuchte Eintragung des Menschen enthielt, der ihn mir am Vormittag ausgestellt hatte. Na ja, ein wenig Übung gab es schon, war ich ja bereits als Fünfzehnjähriger mit dem Flintchen meines Onkels hinter Eichelhähern und Eichkatzen hergewesen. Ich hob die Schnepfe damals auf, staunte über die vollendete Tarnfärbung ihres Federkleides, weil ich vorher noch keine so aus der Nähe betrachten konnte, hörte das Waidmannsheil Kramers und ließ mir zeigen, wo die Malerfedern zu zupfen waren, um sie an den Hut zu stecken.

Natürlich hatte ich zu der Zeit auch schon vom köstlichen Genuß gebratener Schnepfen gehört und vom noch viel köstlicheren Schnepfendreck. Nur, wie das genau zuging mit der Zubereitung, ganz besonders des Drecks, das wußte ich nicht. Und so legte ich zu Hause die Beute in die erfahrenen Hände meiner Frau mit den Worten: »Jetzt mach da mal!«

Die hatte genauso wenig Ahnung, fragte sich erst einmal klug in den Kreisen von Jägersgattinnen und briet und schnepfendreckte dann einfach drauflos. Das Ergebnis war ein purer Gaumenkitzel und schmeckte umwerfend, besonders der Dreck.

Ich habe das Rezept noch einigermaßen im Kopf und schreibe es hier einmal nieder für die, die noch keine Schnepfe und ihren Dreck gegessen haben, weil sie im Frühjahr bei uns nicht mehr bejagt werden dürfen, und die Herbstschnepfen wegen des Überraschungseffektes ihres Auftauchens meist ungeschoren davonkommen. Aber vielleicht gerät der eine oder andere Waidgenosse ja doch einmal zu so einem braunlaubig gefiederten Vogel, aus Versehen sozusagen. Mir ging das einmal so. Wanderte mit meinem Hund im Herbst einen Weg entlang, an dessen rechter Seite ein Landwirt sein Spargelfeld gegen Kaninchen mit Maschendraht gezäunt hatte. Zwischen Weg und Zaun wuchs allerlei Gestrüpp. Mein Hund stand plötzlich vor, und im nächsten Moment machte sich aus dem Genist eine Schnepfe nach rechts davon, plusterte gegen den Zaun und blieb mit dem Kopf im Draht stecken. Mein Hund schnappte sie sich und brachte sie brav. Weggeworfen habe ich sie nicht!

Ich bitte herzlich, von Leserzuschriften abzusehen, wenn mein Zubereitungsvorschlag anders lauten sollte, als ihn irgendwer sonst kennt. Wahrscheinlich gibt es hundert Möglichkeiten und Rezepte für den Dreck, und jeder kann nach seinem Geschmack noch das eine oder andere dazubröseln. Ich würde es immer wieder so machen:

Die Schnepfe als solche bereitet man zu wie Rebhühner, Fasane oder auch Enten, man brät sie ganz normal. Vorher nimmt man sie aus und sondert Herz, Leber, Lunge und den Darm ab. Der Magen kommt in den Kübel.

Herz, Leber, Lunge und Darm werden fein gehackt, ebenso eine mittelgroße Scheibe durchwachsenen Specks, eine Schalotte, ein wenig Knoblauch und Zitronenschale. Das alles wird mit einer Scheibe Weißbrot in Milch eingeweicht und durchmischt. Dann gibt man Salz und Pfeffer dazu, durchrührt den Brei mit einem geschlagenen Ei und brät die teigige Masse scharf etwa drei Minuten in der Pfanne. Das Endprodukt wird auf ein bis zwei Scheiben vorher in Butter gebratenen und mit etwas Parmesankäse bestreuten Toast gestrichen. Möglichst heiß essen und – Mahlzeit!

Mit Nachdruck anzumerken bleibt, daß der Darm n i c h t gesäubert werden muß. Er ist – zumindest bei einer am Abend erlegten Schnepfe – leer, weil sie tagsüber geruht und nichts gefressen hat. Bevor sie sich dann zur Nahrungssuche auf die Schwingen macht, druckt sie alles heraus, was da noch sein sollte und macht sich schieren Darmes auf den Weg. Ich habe mich

mehrmals davon überzeugt: Ein abendlicher Waldschnepfen-
darm ist so appetitlich, wie eine zum Füllen bereitliegende Wurst-
pelle beim Schlachter. Das weiß nur nicht jeder, und das ist für
das Ende dieser Geschichte durchaus von Bedeutung.

Und sollte entgegen aller Prognosen doch noch in irgendeiner
Darmschlinge ein Restchen sitzen, so geht das mit Sicherheit im
allgemeinen Gemantsche der Schnepfendreckzubereitung unter,
wie die Würmer in einem Pilzgericht oder Himbeerkompott.

Aber jetzt erst einmal zurück zum Anfang aller Dinge.

Wäre es nicht so fürchterlich kalt gewesen an diesem Tag des
jungfräulichen Monats April, hätten mir die Erinnerungen an
die lange zurückliegenden Schnepfenspeisen das Wasser im
Mund zusammenlaufen lassen. Aber ich fror gottserbärmlich,
mein Wetterfleck war durchgeweicht, meine rechte Hand, die
krampfhaft die Flinte festhielt, schien ein blau angelaufenes
Anhängsel unbestimmter Herkunft zu werden. Und mein armer
Hund zitterte vor sich hin, sein seidiges Fell hielt nicht viel Nässe
und Kälte ab.

Keine einzige Drossel ließ sich hören, kein einziger Vogel gab
auch nur den geringsten Seufzer von sich. Der Schnepfenstern
verbarg sich hinter Schneewolken. Aber Jäger Ellmauer blickte
stoisch und zuversichtlich gen Himmel, und weil man ja diesen
Berufsjägern in jeder Lage trauen kann, glimmte in mir noch ein
winziger Hoffnungsfunke auf einen Vogel mit lautlosem Flug
und langem Schnabel. Aber wahrscheinlich waren alle Schnepfen längst erfroren.

Da kam die erste!

Schnurgerade flog sie von Süden nach Norden durch das Tal.
Und ziemlich hoch. Ich bekam die Flinte mühsam in Abfang-
stellung und schoß natürlich fabelhaft vorbei.

Kaum drei Minuten später kam die nächste. Schnurgerade, wan-
derfreudig in der gleichen Richtung. Bumb-bum, vorbei. Und
die dritte. Auch gefehlt.

Keine Übung mehr nach den vielen Jahren der Enthaltsamkeit.
Na wunderbar! So etwas freut einen ganz besonders, wenn man
eingeladen ist und sich eine ganze Reihe von Leuten bemüht hat,
den Jagdgast aus dem Norden etwas erleben zu lassen und zu
Schuß zu bringen.

Das hier, verdamm' mich, war kein Schnepfenstrich, das war

vielleicht Schnepfenzug. Und damit ganz etwas anderes als das, was ich von früher gewohnt war. Und darauf war ich nicht vorbereitet und ich...

... will mich ja gar nicht entschuldigen. Aber es ist doch vielleicht nicht ganz von der Hand zu weisen, wenn ich behaupte, daß man eine plötzlich auftauchende, wie wild herumkurvende Schnepfe leichter trifft als eine, die wie am Bandl gezogen daherkommt!

Das war also nichts. Ellmauer zog nach meiner ergebnislosen Kanonade einmal etwas heftiger an seiner inzwischen erloschenen Pfeife, mit gewisser Berechtigung, wie ich zugeben muß, verharrte dann noch eine kleine Weile in ergebener Zurückhaltung, bis uns nicht nur Kälte und Nässe, sondern auch die Finsternis einhüllten. Wir packten zusammen und stiegen ab, und Günter hatte noch nicht einmal eine Schnepfe gesehen.

Zwei Tage später, bei ähnlich miserablem Wetter, versuchte ich es noch einmal. Wieder kamen zwei Schnepfen kurz nacheinander das Tal entlang und entgingen meinen Schrotgarben wie ihre Artgenossen zuvor. Sie konnten ihren Zug nach Norden unbeschadet fortsetzen.

Das war es dann für dieses Frühjahr, weil ich zurück in die nördlichen Gefilde mußte. Schön war es aber doch.

Und als ich dann im Auto saß, um die langweiligen achthundert Kilometer auf der Autobahn abzuspulen, fiel mir auf einmal ein, wie ich einem uralten Freund vor zig Jahren dazu verhelfen konnte, daß man ihn seinen einzigen und ersten Schnepfendreck auf Toast in Ruhe und mit Genuß verspeisen ließ.

Dazu ist es allerdings notwendig, daß ich, um zum Kern der Sache gelangen zu können, diesen erst einmal gewissermaßen in einem Bogen umschlage, wie meine Kati das macht, wenn etwas im Busch sitzt.

Umschlagen wir also.

Jörg hieß mein Freund und heißt immer noch so, und befreundet sind wir auch heute noch. Allerdings sehen wir uns höchstens noch einmal im Jahr. Das war früher anders, in unserer Schulzeit und später während des Studiums. Da krochen wir beide tagelang durch Moore und Sümpfe, um Vögel zu beobachten, denn durch unser gemeinsames ornithologisches Interesse hatten wir uns gefunden.

Jörg kam aus einer Künstlerfamilie, die weit außerhalb von München in einer gottsverlassenen, aber wunderschönen Gegend eine Keramikwerkstatt in einem alten Bauernhaus betrieb. Ich studierte Biologie. Beide hatten uns die Vögel voll im Griff, und neben seinem künstlerischen Beruf war die Ornithologie Jörgs zweite Liebe.

Und dann erwischte ihn die dritte. Er rief mich eines Tages an: »Kannst du rauskommen, ich hab ein tolles Mädchen kennengelernt, die mußt du sehen! Mensch, wenn du die siehst!«

Du liebe Zeit, Jörg und ein tolles Mädchen, was lief denn da nun?

Ich setzte mich also auf meine Vespa und fuhr raus, Richtung Chiemsee und fand dort bei Jörg etwas ganz Hübsches mit rotblondem Haar und guter Figur. Die Nase war vielleicht etwas zu spitz.

»Das ist Ilse«, sagte Jörg.

Ilse also.

Dann sagte Jörg, dem man sein Verknalltsein von der großen Zehe bis zu den Ohren ansehen konnte »jetzt fahren wir zum Chiemsee in die Aachemündung und sehen dort mal nach den Zwergrohrdommeln.« Er packte Ilse und mich ins Auto und machte einen Kavaliersstart.

Keine Angst, der Schnepfendreck kommt schon noch ins Spiel. Wir sind noch beim Umschlagen.

Es war Juni und recht heiß. Trotzdem hatte sich Jörg wildlifemäßig angezogen mit einer alten Jeans, und hinten lag eine Windjacke. Mir, der ich etwas städtisch herausgekommen war, hatte er eine verbeulte Hose und ein buntes Hemd verpaßt. Wir wußten halt, wie man sich anzog, wenn man durch Schilf und Weidendickicht kriechen wollte.

Wie ich dann so meine Blicke über die junge Dame vorne neben Jörg streifen ließ, kamen mir erste Bedenken. Schön saß sie da von oben bis unten und mit unwesentlicher Bekleidung. Die Mücken würden sich freuen.

Wir stellten das Auto an einem schmalen Weg am Rande der letzten Wiesen ab und folgten ihm dann zu Fuß Richtung Schilfgürtel. Ein kühles Lüftchen hielt die Mücken hier noch zurück. Dann galt es, eine flache Wasserzone zu durchqueren, und als Jörg und ich schon mittendrin waren, erklang Ilses hohe Stimme:

»Jörgie, tragst du mich hinüber?« Ilses zarte Füße in den Sandalen mochten nicht so gerne in den Matsch. Ich dachte noch, das wird er doch wohl hoffentlich bleibenlassen, aber da hatte er sie sich schon aufgeladen. Und still dachte ich weiter: Mein lieber Jörg, wenn du jetzt nicht mitten in der Pfütze deine schöne Ilse mit ihrem kleinen Hintern in den Matsch fallen läßt und ihr beibringst, wie es unter Ornithologen zugeht, dann hast du verspielt für alle Zeiten!

So war's dann leider später auch.

Aber erst einmal war es Ilse zu heiß, dann zu windig, dann stachen die Mücken, und sie trat auf eine Muschelschale und wollte sofort nach Hause. Und Jörg kehrte tatsächlich um, verzichtete auf die Dommeln, und ich mußte natürlich mit. Man wird's verstehen, daß ich mir so meine Gedanken machte und mich fragte, wie mein wind- und wetterfester Vogelfreund auf so eine schlappe Nummer hereingefallen war.

Viel später einmal, in einer schwachen Stunde, hat er es mir erzählt. Jörg hatte für interessierte Leute eine Vogelstimmenwanderung geführt, und zwar an einem Abend, weil er ihnen die Nachtschwalbe vorführen wollte, den Ziegenmelker, wie der Vogel im Volksmund heißt. Der fliegt in der Dämmerung und fängt mit seinem breit angelegten Schnabel Insekten aus der Luft. Die Männchen lassen schnurrende, langgezogene Töne hören. Ilse war auch dabei und tat so, als wäre sie verrückt nach Ziegenmelkern. Sie war aber nur verrückt nach Jörg, und um sich einen ornithologisch begeisterten Mann zu angeln, gibt es nichts Besseres, als zunächst einmal Vögel anzuhimmeln. Prompt fiel mein Jörg auf dieses Manöver herein. Und jetzt hatte er sie am Hals. Ich war erst einmal überflüssig.

Und was hatten wir für Spaß gehabt! Am Neusiedlersee zum Beispiel, wo ich als Student Watvögel fing und für die Vogelwarte beringte. Jörg kam mich manchmal besuchen und half mit. Eines Tages entdeckten wir einen abnorm gefärbten, isabellfarbenen Kiebitz, ein Weibchen, das wir Isabella tauften. Es bebrütete ein Vierergelege, um das wir ein Schlagnetz aufbauten mit einer langen Schnur, die bis in unser Auto reichte, 40 Meter vom Nest entfernt. Nun dauert es oft ziemlich lange, bis ein Vogel nach einer Störung wieder auf die Eier geht, und jedesmal ist es spannend, ob er es in einer vertretbaren Zeit tun wird, ob er dann so fest sitzt, daß man das Schlagnetz auslösen kann, ohne den Vogel zu gefährden, und ob der Fang schließlich gelingt.

Bei einem besonderen Vogel, wie Isabella einer war, steigt die Spannung. Jörg also bibberte neben mir im Auto vor Aufregung und verfolgte jeden Trippelschritt, den Isabella auf ihr Nest zu machte, mit wachsender Nervosität. Ich blieb ziemlich gelassen, weil ich schon genügend Vögel auf diese Art gefangen hatte.

Endlich war die Kiebitzin bei den Eiern, spreizte ihre Bauchfedern und ließ sich langsam und völlig vertraut auf das Gelege nieder. Ich hätte jetzt die Schnur ziehen können, die das Schlagnetz auslöste, zog aber nicht. Ich rührte mich gar nicht.

Jörg zerriß es fast, und schließlich raunzte er mich an »nun zieh doch endlich!«

Darauf ich: »Nein, ich mag nicht!« Und konnte hören, wie bei Jörg überall der Dampf herauskam und er auf einmal derart lachen mußte, daß das ganze Auto wackelte. Aber dann zog ich, und wir hatten Isabella im Netz.

Mit solchen gemeinsamen Unternehmungen war es ja wohl erst einmal vorbei. Mit Ilse im Schlepp jedenfalls konnte ich sie mir nicht gut vorstellen. Ich mochte sie nicht, aber sie war nicht meine Braut.

Während wir nach dem mißglückten Chiemseeausflug zu Jörg nach Hause fuhren, überlegte ich noch, wie ich ihm Ilse ausreden konnte. Aber er war wahrscheinlich derart frisch verknallt, daß alles vergeblich sein würde. Immerhin wagte ich zum Abschied, als Ilse außer Hörweite war, zu bemerken: »Bring ihr mal bei, daß es nicht so gut ist, halbnackt im Schilf herumzurennen!« Darauf Jörg: »Aber findest du denn nicht, daß sie phantastisch aussieht mit ihren braunen Beinen!«

Ich hatte es gewußt!

Jetzt haben wir den Kern eigentlich schon zur Gänze umschlagen, und der Schnepfendreck rückt wieder näher.

Es war nämlich so, daß ich Jörg bei einer unserer Fahrten einmal von Schnepfen, Schnepfenjagd und Schnepfenessen erzählt hatte, und obwohl er selbst mit Jagen nichts am Hut hatte, aß er doch gerne Gutes und nicht Alltägliches und meinte, bring doch mal eine Schnepfe mit, wenn es sich ergibt. Meine Mutter kann das bestimmt, die ist eine hervorragende Köchin.

Ich fischte dann irgendwann, als ich auf dem Weg nach Österreich bei Jörg vorbeischauen wollte, eine Schnepfe aus der Tiefkühltruhe, rief kurz bei ihm an und warnte vor.

»Prima«, sagte er, »endlich kann ich den Schnepfendreck und gebratene Schnepfe probieren. Freu mich schon. Auf dich auch natürlich!«

Im Hintergrund hörte ich Ilses Stimme »au fein, Schnepfe gibt es!« Dann wurde eingehängt, und ich dachte, na, für die nicht, die kann sich den Schnepfendreck auf den Hut stecken, der reicht gerade für eine Portion, und die ißt diesmal mein Freund.

Als ich ankam, überreichte ich Jörgs Mutter, einer feinen, alten Dame, mein Mitbringsel, und sie verschwand damit in der Küche. Ich wußte es in guten Händen. Sie würde ein Gericht zaubern, daß Jörg sein Leben lang nicht vergessen sollte.

Wir setzten uns gemütlich bei einem Glas Rotwein in die Sessel und erzählten uns gegenseitig von den letzten ornithologischen

Ereignissen. Ilse stelzte im Zimmer herum und unterbrach uns immer wieder mit ihrem Schnepfendreckgetue und wie gespannt sie darauf sei und wie sie sich darauf freuen würde, ihn zu probieren. »Jörgie, du läßt mich doch auch davon kosten, ja?« Jörgie – Himmel nochmal, warum konnte sie nicht einfach Jörg sagen wie wir alle, er war ja kein Baby mehr – druckste herum und wandt sich. Irgendwie war inzwischen bei ihm auch schon der erste Liebeslack abgeplatzt und ein gewisses Mißtrauen eingezogen, aber bevor er den Mund aufmachen konnte, um nicht wieder rückgängig zu machende Zusagen herauszulassen, sagte ich zu Ilse: »Weißt du überhaupt, was Schnepfendreck ist? Ich meine, was das g e n a u ist?«

»Na die Leber und so von dem Vogel«, meinte die schöne Ilse, »wie Gänsepastete, oder so!«

»Ja«, sagte ich, »und Herz und Lunge auch. Ich war vorhin bei Jörgs Mutter in der Küche, sie macht das alles perfekt!«

»Und Herz und Lunge auch«, sagte Ilse.

»Herz und Lunge, ganz richtig, und der Darm ist auch dabei«, sagte ich.

»Darm«, fragte Ilse.

»Gehört dazu«, sagte ich, »mit allem drin«.

»Mit allem drin?« Ilse wurde ein bißchen blaß um die Nase.

»Sicher«, meinte ich, »mit allem drin. Weißt du, das ist eine Speise für Ornithologen und Jäger. Die essen den Schnepfendreck wie er kommt. Die Würze liegt im Inhalt des Darmes. Spinnenbeine, Regenwürmer, Mückenlarven. Aber da merkst du nichts davon, das ist alles ein Matsch!«

Ilse starrte mich an, als wäre ich der Leibhaftige. Ihre zarte Hand fuhr an ihren schönen Mund, und dann verschwand sie derart blitzartig aus dem Zimmer, daß Jörg und ich kaum mit den Augen folgen konnten.

Zur anderen Türe kam Jörgs Mutter herein, die braungebratene Schnepfe in einer Schüssel und den Toast mit dem Dreck obendrauf auf einem extra Teller. Geduftet hat das!

Und Jörg hat es sich schmecken lassen und die Augen verdreht vor Genuß. Und die Ilse hat sich nicht mehr blicken lassen an dem Abend und war wohl oben in ihrem Zimmer mit einem Magenkrampf. Den gönnte ich ihr. Und Jörg seinen Schnepfendreck.

Platt – Schuß

Der Rickenabschuß im Revier war noch nicht erfüllt, und ich sollte, oder besser durfte, mich deswegen dort auf die Pirschsocken machen, damit noch bis zum Oktoberende wenigstens eine Ricke zur Strecke kam.

Völlig korrekt das, denn schließlich war ich fast jeden Sommer als Jagdgast im Revier unterwegs und bekam fast immer meinen Bock. Manchmal dazu noch einen Knopfer oder einen anderen auch. Da konnte man bei den weiblichen Stücken nicht kneifen, und ich wollte es auch gar nicht.

Die richtige Ricke zu schießen, ist mindestens ebenso spannend wie den richtigen Bock und dazu weitaus schwieriger. Bei ihnen können die Stangen zwischen den Lauschern nicht zur Alters- oder Gütebestimmung beitragen, weil bekanntlich keine da sind.

Der Revierinhaber war ein Freund des Pirschens. Aus diesem Grund gab es wenig Sitze und Kanzeln, nur zwei. Ich muß sagen, daß auch ich gerne pirschend und schleichend unterwegs bin, weil es einen mehr fordert als irgendwo oben zu hocken und zu warten, ob etwas passiert. Natürlich hat das Ansitzen auch seinen Reiz, und wenn man müde und abgespannt in den Wald kommt, erreicht man mit Pirschen sowieso nichts. Alles eben zur richtigen Zeit.

Nun pirscht es sich in einem Revier besser, im anderen schlechter. Wo weiche – sandige, moosige, grasige – Wege und Pfade sich finden, an den Waldrändern durch davorstehende Büsche und Hecken Deckung ist, kommt man oft gut an das Wild heran, das draußen auf Wiesen und Schlägen äst. Wenn all das fehlt, wenn der Unterwuchs im Wald zu hoch und der Boden überall mit trockenem Zeug bedeckt ist und die Rehe von draußen hundert Meter weit hineinschauen können, ob da jemand daherkommt, weil der Bauer den letzten Busch auch noch ausgerodet hat, dann hat man's schwer.

Und genauso war das in diesem Revier. Ich wunderte mich von

Jahr zu Jahr, wie der Pächter überhaupt seinen Abschuß zusammenbrachte, aber wahrscheinlich konnte er wirklich pirschen wie ein Indianer.

So perfekt war ich keineswegs. Und außerdem wollte ich die uralte Ricke bekommen, die ich schon seit zwei Jahren kannte und die auch in dieser Zeit keine Kitze geführt hatte. Aber die war mit allen Wassern gesegnet wie James Bond 007, bekam einen immer rechtzeitig mit und verschwand in der Deckung. Und ließ sich dann erst einmal tagelang nicht mehr blicken. Da konnte der Wind für den Jäger noch so gut stehen, und sämtliche Voraussetzungen ein positives Vorzeichen haben, die Alte warf einmal kurz auf, gewarnt durch geisterhafte Signale, und der Abend oder der Morgen war gelaufen.

Nun hatte ich bei einem Telefonat mit dem Revierbesitzer erfahren, daß zum einen im Revier lange Zeit Ruhe gewesen war, keine Jagd, keine Pirsch, kein Herumstokeln, er allerdings zum anderen die Erlaubnis gegeben hatte, daß einen Nachmittag lang einige Eltern mit ihren Kindern eine Geburtstagskinderparty draußen feiern konnten. Das lag über eine Woche zurück, als ich mich an einem schönen Herbstnachmittag auf die eingangs erwähnten Socken machte.

Der letzte Regentag war irgendwann vor zwei oder drei Wochen gewesen, und außer etwas Tau in der Nacht war von Feuchtigkeit nichts zu merken. Und nachts hatte es nur wenige Grad über Null. Trockenheit und kühle Temperaturen wirkten sich günstig aus auf das Nichtvorhandensein von Pilzsuchern. Es wuchsen kaum Pilze mehr, also krochen auch keine Heerscharen säckchentragender Unruhestifter durch die Wälder. Wunderbare herbstliche Stille und Ruhe lagen hier draußen über dem ganzen Revier, vielleicht fast ein bißchen zu viel Ruhe. Zum Pirschen nämlich. Wenn da nur ein wenig Wind durch die raschelnden Blätter streift, oder ab und zu ein Bauer seinen Traktor zu den weidenden Kühen lenkt, kann das ein unvorsichtig verursachtes Knacksen schon überlagern. Heute schliefen offenbar alle Winde und auch alle Bauern. Mucksmäuschentotenstille rundum.

Und ich hatte es auf die alte Ricke abgesehen. Also zog ich mir als erste Tat die Stiefel aus, steckte sie in den Rucksack und machte mich – zum dritten und zum letzten Mal – auf die Socken.

Das funktioniert sehr gut, wenn diese dick genug sind, und man im Sommer viel barfuß gelaufen ist. Die Hornhaut unter den Füßen muß schon eine gewisse Derbheit haben. Mit babyzarten Sohlen kommt man nicht weit.

Auf geht's also. Ich kann mir Zeit lassen, die Sonne steht noch ein gutes Stück über dem Horizont. Ich beschließe, einen Bogen zu machen und, bevor ich die Lieblingswaldwiese der Alten ansteuere, den Ort zu besichtigen, wo die Kinderparty stattgefunden haben mußte. Das war eine etwa achtzig Meter weite Lichtung im Wald, unweit des Hauptweges, der durch das Revier führte. Mal sehen, ob die schön aufgeräumt hatten.

Hatten sie. Bis auf das niedergedrückte dürre Gras ließ nichts darauf schließen, daß sich vor ein paar Tagen hier ein paar Leute einen lustigen Nachmittag gemacht haben mochten. Wenn das doch immer und überall so wäre!

Nachdem ich mit meiner Inspektion fertig geworden und zufrieden war, daß ich nicht zum Abschluß des Tages einen Beutel voller Dosen und Flaschen zum Wagen schleppen mußte, prüfte ich eingehend die Windrichtung und holte dazu die selbstgebastelte Windfahne aus der Tasche. Viel braucht es nicht dazu: Eine Flaumfeder, ein Stück feines Nähgarn und eine Stecknadel. Am einen Ende des Garns, zwanzig Zentimeter lang etwa, hängt die Flaumfeder, durch das andere Ende geht die Nadel. Die steckte ich in einen waagrechten Ast, und die Feder baumelte bewegungslos herunter. Kein Wind. Nach fünf Minuten hebt sich das Federchen kaum merklich in östlicher Richtung. Also doch ein klitzekleiner Hauch aus West. Na gut das zu wissen. Gerade in scheinbar windstillen Stunden solch ein Hilfsinstrument bei sich zu haben, um es zum Beispiel außen an der Luke einer Kanzel oder an der Auflage eines kleinen Sitzes hinzustecken, erspart leicht sinnlos versessene Zeit. Man meint, kein Wind, aber der reicht dann doch, um dem Wild etwas in die Nase zu pusten, was es gar nicht mag.

Ich mußte demnach einen ziemlichen Bogen schlagen, um die Ricke meiner Wünsche von Osten her erreichen zu können. Wenn sie denn überhaupt da war, wenn sie überhaupt noch lebte. Gesehen hatte ich sie in diesem Jahr noch nicht. Möglich, daß sie aus Mangel an einsatzfähigen Backenzähnen schon den Hungertod erlitten hatte. So dürr und magerhalsig, wie sie im letzten Herbst für ein paar Sekunden sich meinem Blick durch das Fernglas präsentierte, mochte sie gute neun bis zehn Jahre auf dem Buckel gehabt haben.

Die Waldwiese, eben die bekannte Lieblingswiese der Alten, war nicht sehr groß, hundertzwanzig mal hundertzwanzig Meter im Geviert vielleicht, man konnte von allen Seiten überall ›hinlangen‹. Aber man mußte erst einmal unentdeckt hinkommen, und das hatte aus anfangs geschilderten Gründen so seine Schwierigkeiten.

Noch war ich weit genug weg und konnte einigermaßen ungeniert darauf losmarschieren, selbstverständlich dennoch mit der notwendigen Vorsicht, weil es ja schließlich auch noch andere Rehe im Revier gab. Und ein lautes Schrecken irgendeines nervösen Schmalrehes hätte die Alte in die hinterste Dickung flüchten lassen, auch ohne, daß sie meiner direkt gewahr wurde.

Ein Hase machte sich dann linkerhand von mir davon und vollführte in dem trockenen Laub und Gesträu einen Lärm wie ein Düsenjäger. Einen Eichelhäher konnte ich auch nicht von meiner für ihn völlig harmlosen Anwesenheit überzeugen, und er krätschte eine ganze Ewigkeit, bis er schließlich den Schnabel hielt. Aber dann war wieder absolute Ruhe. Konnte denn nicht irgendwer oder irgendwas in der Gegend anhaltende Geräusche von sich geben? Mußte es denn gerade heute am späten Nachmittag so unüberhörbar still sein?

Eine Rötelmaus konnte es. Sie kraschpelte auf der Suche nach Bucheckern vehement und lautstark neben mir auf einem vermodernden Baumstrunk. Ich war ihr dankbar, konnte ich doch wieder ein paar Schritte weiterkommen, ohne aufzufallen. Neben ihr kam ich mir vor wie eine Waldohreule auf Beuteflug: absolut lautlos.

Die Waldwiese ließ sich schon erahnen. Vom Wald, durch den ich schlich, sah ich Grün, gute Äsung. Stehenbleiben, warten, schauen, das Glas fährt hin und her. Ist die Alte da, und wenn ja, wo?

Da steht doch tatsächlich ein Reh! Ein dürres, mageres Reh. Meine uralte Ricke!

Sie lebt also noch, kaut auf ihren abgeschliffenen Zähnen da drüben die Kräuter in sich hinein. Was mach' ich denn jetzt? Ich mußte noch mindestens sechzig Meter näher heran, um einen sicheren Schuß anbringen zu können. Also immer mit der Ruhe! Meine Augen gingen auf Wanderschaft. Da drüben entdeckte ich einen Brennesselhorst, der Deckung geben konnte, und dahinter eine Kiefer, die der Sturm im August umgeworfen haben mußte. Auf deren Stamm konnte ich auflegen. Das wäre es dann. Nur, wie bis dorthin kommen?

Auf dem Waldboden zwischen mir und den Brennesseln leuchtete etwas Helles, fast Weißes. Boviste! Ganze Nester mit Bovisten von Faust- bis Kindskopfgröße. Wenn ich die erst einmal erreichte, ließ es sich weich und vermutlich auch geräuschlos darauf die Socken setzen, und damit könnte ich die Kiefer umarmen, meine Jacke darauf legen, auf die Jacke die Büchse und...

Hin zu den Brennesseln und, vor ihnen, den Pilzen, langsam, ganz langsam, Fuß vor Fuß, wie ein Reiher, der sich im seichten Wasser anschleicht. Und mit einem Bein am Boden und dem anderen in der Luft verharren, wenn die Alte ihr Haupt hebt, um nur einmal zur Sicherheit die Umgebung zu kontrollieren. Das machte sie ziemlich oft, und so zwang sie mir fast ebenso oft die Reiherstellung auf. Nur ist der geübter im einbeinigen Stehen, und ich bekam allmählich einen Wadenkrampf.

Vor jedem tastenden Schritt einen Blick zum Boden. Bucheckern und trockene Blätter dicht an dicht. Die Sauen würden einen fetten Winter haben. Da ein Moospölsterchen! Mit den Zehen darauf und vorsichtig die Ferse hinunterlassen. Geht schon. Es schleicht sich doch wirklich wunderbar auf Socken. Und nur noch wenige Meter bis zum ersten dicken Bovist. Schön rund und prall ist er und hat im Inneren nichts als Sporenstaub.

Ich setze meinen linken Fuß auf sein Haupt, verlagere mein Gewicht und stehe gebückt, weil die Brennesseln nicht ganz so hoch sind, daß sie mir in aufrechter Stellung noch wirklich als Sichtschutz nützen würden. Pfffd macht der Bovist, ganz zart, wie eine Maus, die niest, und entstaubt sich.

Den rechten Fuß auf den nächsten. Pfffd. Dann muß ich einen bovistlosen Zwischenraum überwinden und schiebe mit der großen Zehe sacht ein paar Eckern zur Seite. Meine Augen sind fast nur mehr bei der Ricke, denn jetzt wird es kritisch, die letzten Meter gilt es zu überwinden. Und wenn sie mich dabei erwischt, ist es aus. Sie äst aber friedlich. Alles rundherum ist friedlich und still.

Zum Glück kann ich mich optisch ganz dem Reh widmen, weil die Boviste so hell vom Waldboden zu mir heraufleuchten, daß ich sie schemenhaft auch aus den Augenwinkeln gewahre. Also, auf den nächsten weißen Fleck. Pfffd.

Da wirft die Alte auf, aber nicht zu mir her, sondern in die entgegengesetzte Richtung. Ich kann sehen, daß sie aufgehört hat, zu kauen und ihre Lauscher voll auf Empfang stehen. Es wird mir doch nicht im letzten Moment dort drüben jemand einen Strich durch die Pirsch machen, ein zu früh aufgewachter Fuchs oder vielleicht doch noch ein Pilzsucher, der die Hoffnung nicht aufgeben mag. Hören kann ich nichts. Die Alte wendet sich wieder der Nahrungssuche zu. Hat wahrscheinlich nur eine nervöse Minute gehabt. Schön breit steht sie da. Zwei Bovisttapser muß ich noch machen, zweimal noch diese weichen Kugelköpfe platttreten, dann ist es geschafft.

Einen Fuß, den rechten, auf den ersten. Der ist klein, muß aber reichen. Der letzte ist ziemlich groß, was ich mehr ahne als genau sehe. Pfffd macht der kleine. Schon mache ich mich ganz flach, um hinter den Baumstamm zu schlupfen und setze den linken Fuß.

Peng!

Ich tue einen Satz rückwärts und lande um ein Haar in den Brennesselstauden. Die Ricke macht fünf Sätze und ist sofort mit breitgesträubtem Spiegel im Waldesdunkel verschwunden, schickt mir noch drei tiefe bö – bau – bauö herüber.

Wie ich mich wieder zusammenkriege und dorthin schaue, wo es eben geknallt hat, da weiß ich dann auch Bescheid. Der letzte Bovist war keiner. Ich habe einem auf Kohlrabigröße geschrumpften weißen Kinderluftballon den Garaus gemacht. Erinnerung an das Kinderfest letzte Woche. Ich bücke mich und hebe den Gummifetzen auf, und da hängt ein Papierschildchen dran: Viel Glück dem Finder! Andreas aus Braunschweig.

Die Alte ist übrigens nie wieder gesichtet worden und wahrscheinlich im nachfolgenden ziemlich strengen Winter ganz von alleine in die ewigen Jagdgründe gezogen. Ach, Andreas, wenn du wüßtest!

Lektüre für Mußestunden

Walter Helemann
Das Jahr der Wildbahn
Wild und Jagd in heimischen Revieren
Beeindruckender Bildband mit wunderschönen
Tier- und Naturfotos über das Leben in heimi-
schen Revieren im Rhythmus der Jahreszeiten,
der tiefes Verständnis für die komplexen
Zusammenhänge in der Natur weckt.

Walter Frevert
Rominten
Ein Denkmal für Rominten, das verlorene Jagd-
paradies Ostpreußens: Berichte und Erfahrungen,
persönliche Erinnerungen und Erlebnisse des
letzten Oberforstmeisters der Rominter Heide.

Erwin Felsmann
Borsten, Grannen & Federn
Jagderzählungen
Heitere und nachdenkliche Geschichten rund
um das Jagdjahr in ländlichen Revieren: Erlebnis-
se, Situationen und Beobachtungen – von der
Frühjahrsjagd auf Tauben bis zur Ansitzjagd in
Mondnächten auf Fuchs und Marder.

Auf Pirsch
Jagderzählungen
Neue Auswahl erzählender Jagdliteratur aus
fünf Jahrzehnten: 40 Geschichten renommierter
Jagdschriftsteller über Ereignisse und Erlebnisse
im Lauf des Jagdjahres.

Wolfgang Frank
Verklungen Horn und Geläut
Die Chronik des Forstmeisters Franz Mueller-Darß
Das bewegte Leben auf dem Darß, einem
Gebiet an der pommerschen Küste: faszinierendes
Epos des Waldes und seiner Tiere, der Hunde,
der Jagd – und der Menschen, die von 1890 bis
1945 dort lebten.